CLAVES PARA LA ELABORACIÓN DE PROYECTOS DE INVESTIGACIÓN, DE ESTANCIA Y DE INNOVACIÓN DOCENTE EN LOS ESTUDIOS DE TRADUCCIÓN

Elisa Alonso

Claves para la elaboración de proyectos de investigación, de estancia y de innovación docente en los Estudios de Traducción

Granada, 2024

Colección indexada en la MLA International Bibliography desde 2005

EDITORIAL COMARES

INTERLINGUA
395

Directores de la colección:
ANA BELÉN MARTÍNEZ LÓPEZ
PEDRO SAN GINÉS AGUILAR

Comité Científico (Asesor):

ESPERANZA ALARCÓN NAVÍO Universidad de Granada
JESÚS BAIGORRI JALÓN Universidad de Salamanca
CHRISTIAN BALLIU ISTI, Bruxelles
LORENZO BLINI LUSPIO, Roma
ANABEL BORJA ALBÍ Universitat Jaume I de Castellón
NICOLÁS A. CAMPOS PLAZA Universidad de Murcia
MIGUEL Á. CANDEL-MORA Universitat Politècnica de València
ÁNGELA COLLADOS AÍS Universidad de Granada
MIGUEL DURO MORENO Universidad de Málaga
FRANCISCO J. GARCÍA MARCOS Universidad de Almería
GLORIA GUERRERO RAMOS Universidad de Málaga
CATALINA JIMÉNEZ HURTADO Universidad de Granada

ÓSCAR JIMÉNEZ SERRANO Universidad de Granada
ÁNGELA LARREA ESPINAR Universidad de Córdoba
HELENA LOZANO Università di Trieste
JAVIER MARTÍN PÁRRAGA Universidad de Córdoba
ANTONIO RAIGÓN RODRÍGUEZ Universidad de Córdoba
MARIA JOAO MARÇALO Universidade de Évora
FRANCISCO MATTE BON LUSPIO, Roma
CHELO VARGAS-SIERRA Universidad de Alicante
MERCEDES VELLA RAMÍREZ Universidad de Córdoba
ÁFRICA VIDAL CLARAMONTE Universidad de Salamanca
GERD WOTJAK Universidad de Leipzig

ENVÍO DE PROPUESTAS DE PUBLICACIÓN:

Las propuestas de publicación han de ser remitidas (en archivo adjunto, con formato PDF) a alguna de las siguientes direcciones electrónicas: anabelen.martinez@uco.es, psgines@ugr.es

Antes de aceptar una obra para su publicación en la colección INTERLINGUA, ésta habrá de ser sometida a una revisión anónima por pares. Para llevarla a cabo se contará, inicialmente, con los miembros del comité científico asesor. En casos justificados, se acudirá a otros especialistas de reconocido prestigio en la materia objeto de consideración.

Los autores conocerán el resultado de la evaluación previa en un plazo no superior a 60 días. Una vez aceptada la obra para su publicación en INTERLINGUA (o integradas las modificaciones que se hiciesen constar en el resultado de la evaluación), habrán de dirigirse a la Editorial Comares para iniciar el proceso de edición.

Colección fundada por: Emilio Ortega Arjonilla y Pedro San Ginés Aguilar

Imagen de cubierta: © «El Mar de Ulises», J. Molina

© Elisa Alonso

Editorial Comares, 2024
Polígono Juncaril • C/ Baza, parcela 208 • 18220 Albolote (Granada) • Tlf.: 958 465 382
http://www.comares.com • E-mail: libreriacomares@comares.com
https://www.facebook.com/Comares • htpps://twitter.com/comareseditor
https://www.instagram.com/editorialcomares

ISBN: 978-84-1369-776-5 • Depósito legal: Gr. 1580/2024

Impresión y encuadernación: COMARES

A mis tres hijos, Jimena, Manuel y María,
con todo mi cariño.

Sumario

Índice de tablas

Índice de figuras

Prólogo

Si hay algo que se aprende pronto en el mundo académico es a aceptar el rechazo. No conozco a ningún compañero o compañera que no lo haya experimentado en sus acreditaciones, en sus artículos, en sus proyectos de investigación o de innovación docente. Cuando se está empezando, cada rechazo puede ser difícil de asumir; cuando ya se lleva trabajando en la universidad más de 20 años, se asume como parte de él. Se aprende de él, a no dramatizarlo, a relativizarlo; a tomar las sugerencias de quien nos ha evaluado, si las hay, y a ponerlas en práctica.

No se debe ver el rechazo como algo negativo, sino como una oportunidad de aprender y mejorar. La crítica, preferentemente constructiva, nos ayuda. Más de una vez, las sugerencias de un evaluador a un artículo me han servido para observar dónde estaban mis errores, saber cómo podía mejorarlos y conseguir que finalmente resultara siendo aceptado. En otras ocasiones, como es el caso de nuestras solicitudes a proyectos de diversa índole, el elevado número de aspirantes juega un papel muy importante. Es en este tipo de circunstancias cuando la profesión debe adquirir el sentido de «comunidad».

Conozco a Elisa Alonso desde el año 2008. Ha sido investigadora principal de dos proyectos de innovación docente de cuyo equipo he formado parte; además, fui vocal en el tribunal de la defensa de su tesis doctoral en 2014 e igualmente vocal en el tribunal de su acceso a los Cuerpos Docentes Universitarios como Profesora Titular de Universidad. Esto es, conozco de sobra su talento, el trabajo, la constancia y la ilusión que pone en todo lo que hace. También conozco de primera mano su visión del compañerismo y su concepto de que en la comunidad universitaria debemos colaborar entre nosotros.

El contenido de este libro es muestra de la solidaridad que la caracteriza, porque no hay muchas personas que estuvieran dispuestas a mostrar los resultados de sus solicitudes de proyectos de esta forma. Elisa Alonso, sin embargo, cree (y está en lo cierto) que será de ayuda, especialmente para quienes empiezan su carrera académica, aprender cómo se elaboran solicitudes de este tipo, cuáles son las claves y en qué cuestiones hay que poner atención. Y para ello, presenta solicitudes encaminadas a conseguir diversos objetivos: estancias de investigación, proyectos de innovación docente y proyectos de investigación. Añade los resultados de las solicitudes aceptadas y explica cómo los justificó. En suma, hace un verdadero ejercicio de enseñanza destinado a toda la comunidad universitaria de algo que, normalmente, se reserva para los más cercanos, para los de confianza, para los que nos han enseñado o para aquellos a los que enseñamos.

Y es que la elaboración de solicitudes de este tipo es un género en sí mismo, y uno muy importante para los investigadores, en tanto que de su éxito o fracaso dependen muchos proyectos que pueden hacer avanzar nuestras disciplinas. Aunque los proyectos presentados aquí se enmarcan en los estudios de traducción, son plenamente aplicables a cualquier otro campo, pues todos estamos juntos en esto.

En algunas ocasiones, la autora me ha llamado para compartir conmigo que iba a solicitar uno de estos proyectos. El consejo que ella da en este libro lo aplica consigo misma: habla de sus intenciones, pide opinión, pone en común sus ilusiones o sus dudas. Elisa Alonso tiene una iniciativa, una creatividad y una capacidad de trabajo admirables. Y una generosidad que, como se aprecia en esta obra, está fuera de dudas.

Nieves Jiménez Carra
Universidad de Málaga

Prólogo de la autora

Encontrará el lector en las líneas que siguen una obra dedicada a una literatura académica que más que ser de color gris, es casi plomiza. Se trata de la más invisible de las literaturas, aquella en la que el investigador planta una semilla, cuida la planta con abundante agua, la poda si es necesario y espera a que dé sus frutos. Este oficio de jardinero de la investigación es el de la elaboración y la redacción de proyectos científicos. También se menciona en esta obra el trabajo del que se percibe en ocasiones como némesis del investigador, el evaluador o revisor por pares. Se alega, no obstante, que son dos caras de la misma moneda y que a ambos les impulsa un mismo deseo, que es el de promover el avance de la ciencia.

Se asemeja también la ocupación a la que aludimos a la del escriba, el relator, el amanuense. Mientras que los oropeles de la investigación son la publicación de resultados, la divulgación en congresos y las acciones y eventos de transferencia, las tareas encaminadas a la elaboración de proyectos suelen llevarse a cabo en soledad o con la ayuda de un reducido número de personas. Tienen algo de iniciático y de alquímico, ya que la investigadora debe plasmar sus deseos y objetivos por escrito, aquello que verdaderamente le interesa como científica, y es un proceso en el que el texto producido puede ser sorprendente para su propia autora.

Componen esta obra proyectos elaborados por esta autora desde las fases predoctorales de su carrera investigadora hasta poco después de su consolidación en los cuerpos docentes universitarios de España. Por tanto, las claves que se aportan en este libro pueden ser de utilidad, especialmente, en las fases iniciales de la trayectoria de investigadores, sobre todo de las Humanidades y las Ciencias Sociales, donde se ubica disciplinalmente la que suscribe.

Aunque los proyectos no se centran en los resultados de una investigación y en muchas ocasiones nunca llegan a ver la luz, pensamos que son un valioso repositorio de ciencia. Ojalá sirvan, de cualquier modo, los casos y las claves de esta obra para cuestionarse la visibilidad y la consideración que deben tener estos textos, así como para descifrar algún aspecto del complejo sistema de la investigación.

Introducción

En la carrera del personal docente e investigador, sobre todo del ámbito universitario existen distintos géneros —la monografía, la tesis, el artículo, el capítulo, la reseña, etc.— que se debe aprender a manejar con soltura. Existen, sin embargo, otros tipos de géneros de igual importancia y que, por no ser visibles ni estar destinados a la publicación, suelen pasar desapercibidos para el investigador. Nos referimos a los proyectos de investigación, de acceso a los cuerpos docentes universitarios, de innovación docente y de formación, entre otros, que son de suma importancia para el avance y la consolidación de una carrera académica o investigadora, así como para el progreso de la ciencia.

Existen iniciativas dentro de los centros de investigación y de las universidades para aprender a afrontar la elaboración de este tipo de documentos. Con frecuencia forman parte de solicitudes que es necesario cumplimentar –para obtener financiación o proyectos competitivos o para avanzar en la escala de personal universitario– y son sometidas a procesos de evaluación por pares, expertos o tribunales. Los propios organismos que gestionan la financiación de la investigación difunden en ocasiones guías de ayuda al investigador, listas de preguntas frecuentes, recomendaciones, etc. como es el caso del European Research Council para las ayudas de tipo Starting Grants, Consolidator Grants, Advanced Grants, entre otras. Los servicios de biblioteca de las universidades y las oficinas OTRI (Oficina de Transferencia de Resultados de Investigación) en el caso de la educación superior en España desarrollan una excelente labor de formación y difusión de ayudas para el investigador.

Desde mi experiencia, no obstante, el aprendizaje para dominar el género de los proyectos se basa en gran medida en procesos de ensayo y error. Opino también que una de las mejores ayudas para adquirir esta competencia tan necesaria en la academia es poder leer ejemplos de proyectos de tu propio ámbito de estudio, no solo de proyectos exitosos, sino también proyectos fallidos. Sin embargo, el acceso a este tipo de documentos no siempre resulta sencillo. Las entidades financiadoras no pueden difundir las versiones íntegras por una cuestión de confidencialidad. No existe la costumbre de que los propios investigadores demos difusión a este tipo de textos, como sucede por ejemplo, con los resultados de investigación y las publicaciones académicas al uso. El acceso a esta clase de documentos suele venir de la mano de un mentor o de un compañero, del investigador principal (IP) del proyecto que comparte el borrador o la versión final del mismo con los miembros del equipo de investigación, en definitiva, se trata de intercambios de carácter privado.

En mi caso, aunque me queda mucho por aprender, creo que he empezado a comprender las claves necesarias para la composición de proyectos a raíz de mi labor como evaluadora, revisora por pares y editora. Los evaluadores contamos en ocasiones con rúbricas y documentos adicionales que facilitan el trabajo. La evaluación es una tarea ingrata pero necesaria que mueve los engranajes de la ciencia, aunque en ocasiones pueda ser injusta con el evaluado o intervengan consideraciones ajenas a la propia calidad del proyecto que se presenta. Debido a la creciente competitividad de la investigación, considero que hay gran calidad en muchos proyectos que se rechazan y estos atesoran, en cualquier caso, claves para el aprendizaje y la mejora.

El año de publicación de esta obra se cumplen diez años desde que presenté mi tesis doctoral. Se trata la mía de una trayectoria académica poco ortodoxa, ya que ejercí durante más de una década como traductora profesional antes de introducirme de manera progresiva en las labores de docencia e investigación universitaria de la traducción y la interpretación en la Universidad Pablo de Olavide (UPO). Me costó empezar a comprender cómo se articulan las solicitudes de proyectos competitivos en mi ámbito que es el andaluz, español y europeo. En este aprendizaje me han ayudado compañeros de departamento y de universidad, colaboradores e investigadores de los proyectos, personal de la OTRI y de biblioteca, de administración y servicio, entre otros.

Considero que esta obra puede ayudar también a comprender o visualizar el impacto que ejercen los proyectos en la trayectoria de un investigador y en su producción científica. Así, por ejemplo, en mi carrera investigadora, que se inició de manera tardía, han sido muy beneficiosas las estancias de investigación y los proyectos de innovación docente. Adicionalmente, aunque quizá no se aprecie tanto en esta obra, considero que mi participación en los proyectos de investigación de otros compañeros también ha sido decisiva y me ha abierto innumerables puertas. Como digo, creo que existe una clara correlación entre los proyectos que se elaboran (incluso si nunca llegan a obtener financiación) y la producción de un investigador.

Como estoy tratando de expresar, estoy convencida de que no hay mejor forma de aprender el oficio (o el arte) de la composición de proyectos que ver lo que nuestros iguales han hecho antes. Inspira esta obra la voluntad de allanar el camino de otros investigadores que se encuentren en etapas iniciales de su vida profesional.

Por este motivo, conforman esta obra distintos proyectos (exitosos, fallidos o no presentados) que he solicitado ante distintas instancias y entidades financiadoras en la última década.

Componen esta obra 1) una solicitud de 2013 del Plan Propio de Investigación de la UPO para estancias en centros de investigación y su memoria justificativa, 2) un proyecto de innovación docente de la UPO de 2015-2016, 3) un proyecto presentado a las Ayudas de la Fundación BBVA a Equipos de Investigación Científica en 2016, 4) una solicitud para estancias de movilidad en el extranjero «José Castillejo», 5) una solicitud de línea de investigación propia del Plan Propio de la UPO, 6) un proyecto de innovación docente de mi proceso de oposición a cuerpos docentes universitarios en España de 2022, 6) una solicitud de movilidad senior en centros extranjeros con mención Fulbright de 2023. Encontrará el lector de este libro para cada uno de los proyectos una breve contextualización (título, convocatoria, entidad, financiación, fecha de solicitud o concesión y categoría profesional), junto con la redacción del texto original. Cierra esta obra una valoración final a modo de reflexión en la que, con toda humildad, esbozo algunas recomendaciones.

Observará el lector que la temática de los proyectos referenciados se enmarca en el ámbito de Wikipedia y de los procesos y tecnologías de la traducción y de la comunicación mediados por ordenador. No obstante, considero que esta obra puede ser de utilidad a los investigadores del ámbito de las Humanidades y las Ciencias Sociales, sobre todo a aquellos que se encuentran en fases iniciales de su carrera.

Capítulo 1
Proyecto para Estancia Predoctoral
«Tecnologías y Medios al Servicio del Traductor»

Convocatoria: IV Plan Propio de Investigación. 2013
Entidad: Vicerrectorado de Investigación. Universidad Pablo de Olavide
Modalidad: Ayudas para Estancias en Centros de Investigación
Duración: mayo-septiembre 2013
Centro receptor: Imperial College London (Reino Unido)
Financiación: 4.040 €
Título: Tecnologías y Medios al Servicio del Traductor
Referencia: APPB1012359
Fecha de concesión: 04/04/2013
Etapa: Predoctoral
Categoría profesional en ese momento: Ayudante

I. BREVE MEMORIA DE INVESTIGACIÓN

1. Resumen de la propuesta

En la siguiente memoria trataré de exponer los antecedentes disciplinares y personales por los que solicito un incentivo para realizar una estancia de investigación de seis meses en el prestigioso centro Imperial College de Londres. El ámbito de la tecnología y los nuevos medios aplicados a la traducción son un campo de investigación apasionante, a la vez que una poderosa industria y un elemento fundamental en la formación de traductores. Mi experiencia profesional, investigadora y docente ha estado ligada a dicho ámbito desde hace más de diez años. En la actualidad soy Ayudante del Departamento de Filología y Traducción en la Universidad Pablo de Olavide de Sevilla y estoy plenamente centrada en mi tesis doctoral. Una estancia de investigación en Imperial College, me permitiría concluir dicha tesis doctoral en un contexto de excelencia, así como cumplir los requisitos de estancia en un centro de reconocido prestigio para poder acceder a la mención de Doctorado Internacional. Además, la movilidad de personal docente e investigador siempre

1

supone un enriquecimiento en cuanto a metodologías en docencia y gestión, una actualización de conocimientos y competencias, así como la consolidación de redes de colaboración internacionales.

2. Antecedentes del proyecto

La relación de la traducción y la tecnología informática data de mediados del siglo xx. De su estrecha vinculación surge la traducción automática, que en la última década ha alcanzado una notable madurez como disciplina y ha contribuido a la globalización de las comunicaciones. Otra vertiente de la traducción y la tecnología se ha plasmado en el desarrollo de todo tipo de herramientas de traducción asistida, que son hoy en día imprescindibles para el traductor.

La formación de traductores en el ámbito universitario no ha sido ajena a la necesidad de incorporar competencias instrumentales de índole informática en los curricula académicos. Por este motivo, en las dos últimas décadas hemos asistido a la implantación de diversas asignaturas de índole tecnológica en los títulos de grado, licenciatura y posgrado en Traducción e Interpretación.

La investigación en el ámbito de la traducción, la tecnología y los medios ha sido muy prolija en los últimos sesenta años, por lo que existe gran cantidad de publicaciones con todo tipo de enfoques disciplinares. En la actualidad, la investigación en este campo se encuentra en un momento crucial. Existen corrientes centradas en la maximización del potencial de la traducción automática, a través de distintas aproximaciones como la lingüística de corpus, la traducción estadística, la traducción basada en ejemplos, etc. Por otro lado, se sigue impulsado el desarrollo de herramientas cada vez más sofisticadas que ayuden al traductor en su trabajo. En cambio, otras iniciativas investigadoras siguen tratando de desentrañar los entresijos del proceso cognitivo de la traducción a través de tecnologías cada vez más avanzadas. En último lugar, mencionaremos el interés de la localización audiovisual y de software en la tecnología, ya que esta le permite alcanzar mejores niveles de productividad y procesos más eficientes.

Mi principal línea de investigación es la traducción y la tecnología. Sobre este tema he presentado diversas comunicaciones, que se han plasmado en capítulos de libros, artículos y actas que se encuentran ya publicados o en prensa:

ALONSO JIMÉNEZ, Elisa, «El tratamiento de lo femenino en los programas de Microsoft», en Manuel Ángel Vázquez Medel y Mercedes Ariaga Flórez, Mercedes (eds.), *Mujer, Cultura y Comunicación: Realidades e Imaginarios. Actas del IX Simposio Internacional de la Asociación Andaluza de Semiótica*, Sevilla, Alfar, 2002.

ALONSO JIMÉNEZ, Elisa, «Traducción informática y nuevas tecnologías», en AA.VV. *Acerca de la Traducción e Interpretación*, Sevilla, CEADE, 2004, pp. 93-102.

ALONSO JIMÉNEZ, Elisa, «Nuevos recursos de investigación en torno a traducción, tecnología, informática y español: de ventanas, arañas y ratones», en AA.VV. (eds.), *La Traductología actual: nuevas vías de investigación en la disciplina*, Granada, Editorial Comares, 2011, pp. 87-97.

ALONSO JIMÉNEZ, Elisa, «The Transtranslator: a Socio Cognitive Approach to Technology-Based Traductology», *EST (European Society of Translation) Symposium: Same place, different times*, Viena (Austria), 2012.

ALONSO JIMÉNEZ, Elisa, «Translator and Wikipedia», en AA.VV. (eds.), Book of Abstracts of the International Scientific Conference "Meaning in Translation: Illusion of Precision", Riga (Letonia), Institute of Applied Linguistics of Riga Technical University, 2012.

ALONSO JIMÉNEZ, Elisa, «Data mining, gestión de bitextos y memorias como recurso documental para abordar problemas de traducción», *I Jornadas de Ciencia y Traducción*, Universidad de Córdoba, 2012.

Dentro del ya mencionado campo de la traducción y las tecnologías, es la interacción del traductor con distintos medios y TICS la que ocupa un lugar preferencial en mi carrera investigadora. De hecho, tras realizar los cursos de doctorado en el Programa Interdisiciplinar de Doctorado de la Universidad de Sevilla, presenté en febrero de 2010 mi DEA con un trabajo titulado *La traducción de discursos tecnológicos de inglés a español estándar: una aproximación desde Francisco Ayala,* en el que exploraba algunas de estas cuestiones.

También este es el eje central en torno al que se articula mi proyecto de tesis doctoral *Traducción y tecnología. Análisis de herramientas informáticas de traducción asistida y automática y su aplicación docente,* inscrito en el Departamento de Filología y Traducción de la Universidad Pablo de Olavide en mayo de 2011, cuyos directores son el Catedrático Dr. Manuel Ángel Vázquez Medel (Universidad de Sevilla) y el Dr. Adrián Fuentes Luque (Universidad Pablo de Olavide).

Por otro lado, en 2010 realicé una estancia de investigación de tres meses (junio- septiembre) en el Real Colegio Complutense de Harvard, gracias a una beca que me concedió la Universidad Pablo de Olavide. Durante esta estancia desarrollé un proyecto de investigación sobre la percepción de discursos tecnológicos en inglés y español. Además, tuve la ocasión de entrar en contacto con el ámbito del software y las tecnologías libres a través del Dr Lakhani, profesor e investigador de la Universidad de Harvard y del Massachusetts Institute of Technology (MIT).

Mi interés en el campo de la traducción y la tecnología se puede ver reflejado además en la docencia que he impartido, así como en mi faceta como traductora profesional.

Respecto a mi experiencia docente, destacaría que, desde septiembre de 2011 formo parte del Personal Docente e Investigador de la Universidad Pablo de Olavide como Ayudante a tiempo completo en el Departamento de Filología y Traducción. No obstante, mi vinculación con esta universidad es anterior, ya que fui Profesora Asociada desde octubre de 2008 hasta la firma de mi contrato como Ayudante. Mi trabajo como docente de esta universidad me ha llevado a impartir fundamentalmente asignaturas de índole tecnológica como Informática Aplicada a la Traducción I y II, y Documentación Aplicada a la Traducción (en Licenciatura y Grado en Traducción e Interpretación), así como Nuevas Tecnologías Aplicadas a la Traducción, e

Introducción a la Localización (en el Máster Universitario en Comunicación Internacional, Traducción e Interpretación). También he impartido cursos de especialización para profesores a través de la Unidad de Formación, y para alumnado en general en los Cursos de Verano Olavide en Carmona o a través de la Fundación Universidad Sociedad de esta universidad.

Asimismo, desde 2002 he colaborado como docente de asignaturas relacionadas con la traducción y la tecnología en otras universidades como University of Wales-CEADE, Universidad de Cádiz y Universidad Internacional Menéndez y Pelayo, tanto en el nivel de Grado y Licenciatura, como de Máster.

Desde enero a septiembre de 2011 participé en el proyecto de innovación docente «Desarrollo de la competencia instrumental mediante la aplicación del lenguaje HTML en la clase de traducción especializada» dirigido por la Dra. Nuria Ponce Márquez, dentro del Programa de Innovación y Desarrollo Docente impulsado por el Vicerrectorado de Docencia.

Por último, mi carrera profesional también ha estado relacionada con la localización, que es la denominación con la que se conoce a la subdisciplina de la traducción informática o audiovisual. Desde 1998 hasta 2002 trabajé en plantilla como localizadora y revisora de software y productos audiovisuales en la multinacional Lionbridge (Spain). Posteriormente y hasta mi incorporación como PDI a tiempo completo en la UPO, es decir, desde 2001 hasta 2011, trabajé como profesional *freelance* en este mismo sector.

Con la relación de datos que acabo de enumerar pretendo exponer que la traducción y la tecnología están presentes en mi experiencia investigadora, en mi actividad como docente y en mi trayectoria profesional. Además, trato de evidenciar la importancia de la traducción y la tecnología en la formación de traductores, así como contextualizar la necesidad de contar con investigadores y docentes de esta especialidad en cualquier grado o máster en Traducción e Interpretación, y concretamente en la Universidad Pablo de Olavide, en la que actualmente soy PDI a tiempo completo.

3. Objetivos y metodología del proyecto

En septiembre de 2011, gracias a mi contrato a tiempo completo como Ayudante en la Universidad Pablo de Olavide, he podido centrarme en la investigación y en mi tesis doctoral. Mis directores de tesis me brindan un apoyo generoso e incondicional, lo que me ha permitido avanzar considerablemente en la redacción de varios capítulos. El objetivo principal de mi estancia sería dar por finalizada mi tesis doctoral a la vez que realizo una estancia de investigación que me permita defender mi tesis bajo el programa de Doctorado Internacional, para lo cual debo tener una estancia de al menos 3 meses en un centro de reconocido prestigio.

Por otro lado, no existe en mi universidad un grupo de investigación especializado en Traducción, Tecnología y Medios. La universidad donde solicito realizar la estancia, Imperial College London es el centro más prestigioso a nivel internacional en este campo. Sus miembros poseen una extensa experiencia investigadora que se ha visto reflejada en numerosísimas publicaciones de impacto. Su Grupo de Traducción es especialmente activo y organizan constantemente seminarios y conferencias con invitados tanto del mundo empresarial, como SDL, como procedentes del ámbito acadé démico, como muestra la reciente visita a Imperial College del eminente Dr Hutchins. En el *World University Ranking 2011- 2012* publicado por la prestigiosa revista *Times Higher Education*, y que establece los 400 mejores centros universitarios del mundo, Imperial College London se sitúa en el número 8, solo por detrás de las Universidades de Harvard, Yale, Cambridge, Oxford y del California Institute of Technology[1].

Por otro lado, las numerosas bibliotecas públicas y académicas con sede en Londres cuentan, de la misma forma, con una elevada cantidad de ejemplares en torno a este tema que resultan de gran utilidad para el investigador.

En estos momentos de mi carrera investigadora, mi objetivo fundamente es dar el impulso definitivo a mi tesis doctoral. Creo, por tanto, necesaria una estancia en Londres, con objeto de poder consultar la multitud de obras allí depositadas y entrar en contacto con las voces más autorizadas de este campo. Como he señalado antes, la institución donde solicito realizar mi estancia, Imperial College London, y su director, el Dr. Jorge Díaz-Cintas, son uno de los referentes mundiales en investigación en traducción, tecnologías y medios.

Tal como se desprende de la carta de invitación firmada por el Dr. Díaz-Cintas, que se adjunta como parte de esta documentación, la acogida de Imperial College me brindará la oportunidad de acceder no solo a los servicios bibliotecarios de dicha institución, sino también al resto de bibliotecas académicas de la ciudad de Londres, gracias al acuerdo existente entre las universidades con sede en la capital británica. Sin duda, esta circunstancia facilitará sobremanera mi investigación y redundará muy positivamente en ella.

Asimismo, mi incorporación al Grupo de Traducción[2] del Departamento de Humanidades de Imperial College London[3] y mi participación en reuniones y seminarios (aspecto también mencionado en la carta de Díaz-Cintas), me permitirá conocer las formas de trabajo y docencia de otra institución universitaria europea, lo que sin duda favorecerá mi desarrollo como docente, y será de extrema utilidad, especialmente en lo que respecta a la implantación de nuevos grados como consecuencia de la incorporación española al Espacio Europeo de Educación Superior.

---

[1] http://www.timeshighereducation.co.uk/world-university- rankings/2011-2012/top-400.html
[2] http://transgroupimperial.blogspot.com.es/
[3] http://www3.imperial.ac.uk/humanities

II. Memoria de la actividad realizada y de los resultados obtenidos

1. Datos personales

Elisa Alonso Jiménez, adscrita al Área de Traducción e Interpretación del Departamento de Filología y Traducción (Facultad de Humanidades) como Ayudante. Expediente N.º APPB1012359

2. Introducción

Por Resolución Rectoral 13/3-APP de 4 de abril de 2013 (posteriormente modificada por Resolución Rectoral de 6 de septiembre de 2013), me fue concedida una ayuda del B.10 del IV Plan Propio de Investigación (estancias en centros de investigación). Esta estancia ha tenido lugar en Imperial College London (Londres, Inglaterra), desde el 18 de mayo de 2013 al 3 de septiembre de 2013.

El objetivo principal de la estancia, tal como apuntaba en el informe que presenté cuando solicité esta ayuda, era recabar información y documentación acerca del binomio traducción-tecnología, en torno al cual gira mi tema de tesis. Asimismo, al formar parte de mi formación predoctoral, la estancia me permitiría establecer contacto con investigadores de mi ámbito de especialidad, así como cumplir con los requisitos formales para la mención de Doctorado Internacional de mi tesis.

3. Actividades realizadas y resultados obtenidos

Durante mi estancia de tres meses en Londres me incorporé al Grupo de Traducción del Departamento de Humanidades de Imperial College London, donde fui acogida como *academic visitor*, y donde se me proporcionó acceso a todos los medios del departamento (despacho, equipos informáticos, fotocopiadoras, laboratorios de idiomas y de traducción, etc.) y de la universidad (biblioteca, salas de estudio, etc.).

De esta manera, no solo ha sido esta estancia muy provechosa desde el punto de vista investigador, como se detallará a continuación, sino que también, como ya preveía en la memoria inicial que presenté a consideración de la Comisión de Investigación, me ha permitido conocer las formas de trabajo y docencia de otra institución universitaria europea, lo que creo me ha beneficiado como docente, y espero sea de utilidad con vistas a la consolidación de los grados como consecuencia de la incorporación española al Espacio Europeo de Educación Superior.

Seguidamente trataré de resumir los principales resultados obtenidos de la estancia, que he desglosado en actividades de formación y actividades de investigación.

A. *Actividades de formación*

Las actividades de formación son fundamentales durante toda la vida profesional del docente e investigador, pero son especialmente necesarias durante su etapa predoctoral. Por este motivo, he tratado de aprovechar al máximo las oportunidades de formación que se me han brindado durante mi estancia en Imperial College. Así, tal como se desprende del certificado emitido por el Profesor Jorge Díaz-Cintas, director de la Translation Unit en Imperial College y supervisor de mi estancia, he realizado las siguientes actividades formativas:

— Taller «Writing for Wikipedia» (1.5 h), organizado por Imperial College Central Library, 6 de junio de 2013.
— Sesión formativa «Inglés para investigadores» (2 h), organizado por Imperial College Centre for Co-Curricular Studies, 11 de junio de 2013.
— Sesión formativa «Cómo presentar comunicaciones en inglés» (2 h.), organizado por Imperial College Centre for Co-Curricular Studies, 26 de junio de 2013.
— Sesión formativa «Introduction to Subtitling: WinCAPS» (2 h), organizado por Imperial College Translation Unit, 3 de julio de 2013.

Asimismo, he participado como asistente en congresos y actividades para investigadores organizadas por otras universidades y centros de investigación de Londres. Concretamente:

— Conferencias «New Trajectories in Media and Communications Research» (10 h), organizadas por el LSE Department of Media & Communications de la University of London, 16 de junio de 2013.
— Conferencias «The Languages of Exile: Translating Modern and Contemporary Hispanic Literature» (8 h), organizadas por el Department of Modern and Applied Languages & Westminster Exchange de la University of Westminster, 21 de junio de 2013.
— Conferencia «Language BLANK Literature» (1.5 h) impartida por el Profesor David Crystal, organizada por Birkbeck University of London, 26 de julio de 2013.

B. *Actividades de investigación*

Además de las actividades de formación para investigadores antes señaladas, he tenido la ocasión de asistir a otros dos congresos fuera de Londres, organizados respectivamente por la University of Cambridge y por Cardiff University:

— Congreso «Language Endangerment: Language Policy and Planning» (9 horas), organizadas por el Centre for Research in the Arts, Social Sciences and Humanities (CRASSH), 26 de julio de 2013.

— Congreso «Translations: Exchange of Ideas 2013», organizado por Cardiff University, 27 y 28 de junio de 2013.

Se da la circunstancia de que en este último congreso presenté una propuesta, en coautoría con la Dra. Calvo, que finalmente fue aceptada y que impartí en forma de conferencia:

— ALONSO JIMÉNEZ, Elisa y CALVO ENCINAS, Elisa, «Applications of the Transhumanisation Theory from Communication Studies to Translation Studies», *Translations: Exchange of Ideas 2013*, Cardiff University (Reino Unido), 27 y 28 de junio de 2013.

Entre las actividades investigadoras que he podido realizar durante mi estancia en Londres destacaría, sin duda, mi participación en la Translation Research Summer School (TRSS), una prestigiosa escuela para investigadores del ámbito de la traducción y la interpretación, organizada de manera conjunta por la University of Edinburgh, University of Manchester y University College London (UCL).

— Congreso «Translation Reserach Summer School» (40 horas), organizado por University of Edinburgh, University of Manchester y University College London (UCL), 17-28 de junio de 2013.

La TRSS está dirigida por el Profesor Theo Hermans, uno de los autores más reconocidos a nivel mundial en el campo de los Estudios de Traducción. El proceso de selección para poder participar en la TRSS es sumamente competitivo y, de entre las propuestas recibidas, cada año solo admiten a unos 35-40 investigadores. El objetivo de la TRSS es doble, ya que los participantes, además recibir una formación sumamente especializada de la mano de investigadores de primer nivel, presentan sus propios proyectos de investigación:

— ALONSO JIMÉNEZ, Elisa, «How professional translator use and perceive Wikipedia (Doctoral Project)» *Translation Research Summer Schoool*, University College London (Reino Unido), 17-28 de junio de 2013.

En la edición de este año, los seminarios han estado a cargo de los siguientes profesores:

— Dr. Daniel Abandolo (UCL)
— Profesora Mona Baker (University of Manchester)
— Dr. Kathryn Batchelor (University of Nottingham)
— Dr. Francesca Billiani (University of Manchester)
— Dr. Geraldine Brodie (UCL)
— Dr. Sharon Deane-Cox (University of Edinburgh)
— Dr. Jorge Díaz-Cintas (Imperial College London)
— Dr. Dorota Goluch (UCL)
— Professor Theo Hermans (UCL)

— Dr. Hephzibah Israel (University of Edinburgh)
— Dr. Ester Leung (Hong Kong Baptist University)
— Professor Jeremy Munday (University of Leeds)
— Ruggiero Pergola (University of Bari/Imperial College London)
— Marlies Grabiele Prinzl (UCL)

Por otro lado, en TRSS los investigadores además de presentar sus propios proyectos de investigación en sesiones plenarias y también pueden recibir tutorías personalizadas. En mi caso, tuve la enorme suerte de que mi proyecto de investigación (tesis) fuera supervisado por el Dr. Jorge Díaz Cintas y la Profesora Mona Baker. La Profesora Baker es una de las investigadoras más destacadas de los Estudios de Traducción y fundadora y directora de la editorial más prestigiosa y de mayor impacto de nuestro campo, St. Jerome Publishing. Tras conocer mi proyecto de investigación Profesora Baker me realizó algunas recomendaciones que ya he incorporado en mi proyecto y se mostró muy interesada en conocer los resultados del mismo.

Mi estancia de investigación en Imperial College y mi participación en el TRSS me han permitido, además, entrar a formar parte de dos redes de investigadores de primer nivel. Al haber sido *academic visitor* en Imperial College, el Dr. Jorge Díaz-Cintas me ha incorporado en sus listas de distribución, que actualmente gestiona desde UCL, al haberse trasladado recientemente a esta institución junto con su equipo de trabajo. Por otro lado, desde la TRSS se gestiona una lista de distribución con la red de exalumnos, es decir, investigadores que han participado en alguna de las ediciones de la escuela de verano. Como es sabido, la participación de los investigadores en redes resulta fundamental, no solo para estar al tanto de congresos y publicaciones, sino también para la creación de consorcios o proyectos internacionales.

Respecto a las tareas de búsqueda de documentación aludidas al principio y que eran otro de los objetivos de mi estancia, debo decir, que en este caso también la estancia ha sido sumamente provechosa. Gracias a mi condición de *academic visitor* en Imperial College pude solicitar la tarjeta de investigador de la British Library, que me fue concedida con una fecha de caducidad de 4 años. Disponer de esta tarjeta supone una gran ventaja para cualquier investigador, ya que la British Library es uno de las bibliotecas más grandes y mejor dotadas del mundo. A pesar de que cualquier persona puede acceder a sus instalaciones previa solicitud, las ventajas añadidas que aporta la tarjeta de investigadores son numerosas y se resumen en un acceso prácticamente ilimitado a todos los recursos de la biblioteca.

La biblioteca de Imperial College y su personal fueron también de gran ayuda para las tareas documentales necesarias en cualquier tesis. Gracias al asesoramiento de sus bibliotecarios puede realizar una búsqueda exhaustiva de literatura que me ha permitido conocer el estado de la cuestión en materia de traducción y tecnologías. Por otro lado, he podido constatar que la Translation Unit de Imperial College constituye de por si una base documental de gran importancia, pero que sus recursos solo están accesibles para personal interno, sus alumnos y sus investigadores. En este sentido, he podido revisar gran cantidad de memorias de máster y proyectos de tesis que solo estaban catalogados en el propio centro y que en muchos casos solo estaban disponibles en papel.

Además de las actividades de formación y de investigación que acabo de mencionar, la estancia ha sido un periodo sumamente productivo para la elaboración de mi tesis. Así, he podido realizar algunas tareas de suma importancia para mi proyecto, como la redacción de gran parte del marco conceptual y metodológico de mi trabajo, así como la transcripción de entrevistas a traductores profesionales y el diseño de una encuesta que también forman parte de mi tesis.

Capítulo 2
Proyecto de Innovación Docente «Formación de traductores y desarrollo de contenido multilingüe en Wikipedia sobre Mujeres y Ciencia» y Memoria Justificativa

Convocatoria: Plan de Innovación y Desarrollo Docente. Convocatoria de Proyectos de Innovación y Desarrollo Docente.

Entidad: Universidad Pablo de Olavide. Vicerrectorado de Profesorado. Dirección General de Formación e Innovación Docente

Modalidad: Convocatoria de la Acción 2. Proyectos destinados al diseño y aplicación de nuevas metodologías docentes y evaluadoras, prioritariamente enfocadas a la formación en competencias.

Duración: Curso 2015/2016

Financiación: Ninguna

Título: Formación de Traductores y Desarrollo de Contenido Multilingüe en Wikipedia sobre Mujeres y Ciencia

Referencia: No consta

Fecha de concesión: 20/11/2015

Etapa: Posdoctoral

Categoría profesional en ese momento: Ayudante Doctor

I. Solicitud

1. Nombre del proyecto

Formación de traductores y desarrollo de contenido multilingüe en Wikipedia sobre «Mujeres y Ciencia»

2. Nombre del coordinador del equipo docente

Elisa Alonso Jiménez

3. Descripción

El impacto de las tecnologías de la información y la comunicación en nuestra sociedad y en la universidad resulta un hecho incontestable. Dentro de este contexto, el eje sobre el que se articula este proyecto, Wikipedia, ha suscitado y suscita un creciente interés, como se ha puesto de manifiesto en la reciente concesión del Premio Princesa de Asturias de Cooperación 2015 a esta enciclopedia colaborativa.

Por otro lado, existen investigaciones en las que se ha analizado la influencia que ejerce Wikipedia en distintos ámbitos:

— Investigadores del Internet Interdisciplinary Institute (IN3) de la UOC documentaron en 2014 mediante una encuesta el hecho de que muy pocos docentes universitarios utilizan Wikipedia en sus clases, a pesar de que valoran muy positivamente esta enciclopedia colaborativa (Lerga y Aibar 2015).

— Los investigadores Head y Eisenberg (2010) de la University of Washington descubrieron también mediante una encuesta la enorme frecuencia de uso de Wikipedia por parte los estudiantes universitarios de los Estados Unidos.

— Wikipedia también ha suscitado el interés en el ámbito del Procesamiento del Lenguaje Natural (Oliver y Climent 2012; Aguado de Cea 2013).

— Por último, de manera muy relevante para este proyecto, en el ámbito de la traducción encontramos algunos antecedentes que documentan el uso de Wikipedia en el ámbito de la traducción o su docencia-aprendizaje (Cánovas y Samson 2008; Olvera y Gutiérrez 2011; Torres 2012; McDonough Dolmaya 2012). En esta misma línea, más recientemente, la investigadora principal de este proyecto, Elisa Alonso, ha incidido en el estudio del binomio traducción y tecnología, como se desprende de los trabajos que ha publicado hasta la fecha:

- ALONSO JIMÉNEZ, Elisa, *Traducción y tecnología. Análisis del uso y percepción de Wikipedia por parte de los profesionales de la traducción* (tesis doctoral), Universidad de Sevilla, 2014.
- ALONSO JIMÉNEZ, Elisa, «Interacciones sociales y tecnológicas en el entorno profesional de la traducción», *Tonos digital: Revista de Estudios Filológicos*, 2(27) (2014), pp. 1-29.
- ALONSO JIMÉNEZ, Elisa, «Una aproximación a Wikipedia como polisistema cultural», *Convergencia. Revista de Ciencias Sociales*, 22(68) (2015), pp. 125-149.
- ALONSO JIMÉNEZ, Elisa, «Analysing Translation Professionals in the Information Society and their Use and Perceptions of Wikipedia», *JoSTrans: The Journal of Specialised Translation*, 23 (2015), pp. 89-117.
- ALONSO JIMÉNEZ, Elisa, «Google and Wikipedia in the Professional Translation Process: A Qualitative Work», *32nd International Conference of*

the Spanish Association of Applied Linguistics (AESLA): Language Industries and Social Change. Procedia Social and Behavioural Sciences, 173 (2015), pp. 312-317 (DOI 10.1016/j.sbspro.2015.02.071).

- Alonso Jiménez, Elisa y Robinson, Bryan, «Exploring Translators' Expectations of Wikipedia. A Qualitative Review», *International Conference; Meaning in Translation: Illusion of Precision, MTIP2016, 11-13 May 2016, Riga, Latvia. Procedia Social and Behavioural Sciences*, 231 (2016), pp. 114-121 (DOI 10.1016/j.sbspro.2016.09.079).

De los trabajos anteriores, se apuntan algunas tendencias:

— Los estudiantes universitarios utilizan mayoritariamente Wikipedia.
— Los profesores universitarios recurren frecuentemente a Wikipedia para su uso personal, ya que consideran que es un recurso muy útil, pero tienen reticencias a la hora de emplearla como recurso docente.
— Existe una brecha entre el uso reconocido y el uso *de facto* de Wikipedia en el ámbito universitario.
— Los traductores profesionales utilizan Wikipedia con mucha frecuencia a la hora de traducir, y valoran la enciclopedia colaborativa de manera positiva. Aprecian, por ejemplo, su carácter multilingüe y su amplia cobertura temática. Sin embargo, al igual que los profesores universitarios, evidencian ciertos reparos a la hora de reconocer que la usan o a la hora de recomendarla.
— A pesar de las bondades de Wikipedia, siguen existiendo reticencias relacionadas con su fiabilidad, quizá debido al desconocimiento del funcionamiento interno de la enciclopedia colaborativa.

Como se expondrá en los siguientes apartados, este proyecto posee la voluntad de fomentar, de manera transversal, la visibilidad de las mujeres científicas y académicas en Wikipedia. Por ese motivo, se incentivarán la creación y la traducción de artículos de Wikipedia por parte del estudiantado que estén centrados en la temática Mujeres y Ciencia.

A los antecedentes que acabamos de enumerar, debemos sumar el hecho de que la Universidad Pablo de Olavide, al encontrarse inscrita en el Espacio Europeo de Educación Superior, posee una firme voluntad para la renovación metodológica en los procesos de docencia-aprendizaje, un objetivo loable y necesario al que consideramos que se puede contribuir desde este proyecto centrado en Wikipedia. Como se expondrá a continuación, el proyecto que llevaremos a cabo posee un fuerte acento en las Tecnologías de la Información y la Comunicación, fomenta las competencias multilingües dentro del aula universitaria, promueve la inserción académica, profesional y científica del alumnado y contribuye a la movilidad virtual del estudiantado, al integrar a alumnos locales y alumnos extranjeros de estancia en nuestra universidad.

II. OBJETIVOS

Describa cada uno de los objetivos que pretenden alcanzar en el proyecto

— Incorporar la formación tecnológica, en general, y Wikipedia, en particular, en el aula universitaria.
— Formar al profesorado y al estudiantado del Grado en Traducción e Interpretación sobre Wikipedia, haciendo especial énfasis en cómo aprovechar todas sus ventajas como herramienta de traducción y como instrumento para la inserción laboral de traductores, y en cómo reducir los riesgos derivados de sus problemas de fiabilidad.
— Contribuir a la formación de traductores mediante proyectos vinculados a varias asignaturas.
— Favorecer la transversalidad de la tecnología en la formación de traductores.
— Contribuir a la visibilidad de «Mujeres y Ciencia»
— Contribuir a la innovación docente.

III. METODOLOGÍA Y ACTIVIDADES QUE SE VAN A DESARROLLAR

Describa la forma de llevar a cabo el proyecto y las acciones que se desarrollarán en el mismo

— Se diseñarán acciones formativas centradas en Wikipedia para el profesorado y el estudiantado de Traducción e Interpretación.
— Se realizarán proyectos que consistirán en la documentación, redacción, traducción, localización y/o transcreación de artículos de Wikipedia en distintos idiomas.
— Se hará especial énfasis en el trabajo en equipo, de manera colaborativa e inclusiva, sobre todo con vistas a la integración de estudiantes extranjeros.
— Se contempla la posibilidad de que el estudiantado proponga los temas sobre los que versarán sus artículos, pero se tratará de fomentar el trabajo sobre artículos de Wikipedia centrados en la temática: Mujeres y Ciencia.

IV. EVALUACIÓN

Explique los procesos de evaluación que se llevarán a cabo

— Se realizarán encuestas (cualitativas y/o cuantitativas) sobre el uso y la percepción de Wikipedia entre el estudiantado-profesorado del Grado de Traducción e Interpretación, con el fin de determinar el impacto que ha tenido nuestro proyecto de innovación docente.
— El profesorado que participa en este proyecto de innovación docente y que es responsable de distintas asignaturas del Grado de Traducción e Interpretación (Informática Aplicada a la Traducción, Traducción de Software y

Páginas Web, Traducción Especializada e Inversa, etc.) evaluará el resultado más tangible del mismo, es decir, los trabajos de redacción multilingüe, traducción, localización y/o transcreación de artículos de Wikipedia.

V. Proyección

Explique en qué medida se pueden transferir las innovaciones previstas en el proyecto a otras materias, asignaturas, titulaciones, etc.

A día de hoy existe unanimidad a la hora de considerar que la competencia traductora es un crisol de subcompetencias en las que ejercen gran peso las competencias multilingüe, cultural, documental, tecnológica y profesional. El proyecto que presentamos, dado su carácter transversal, tecnológico y multilingüe se perfila como un contexto ideal para el desarrollo de todas estas subcompetencias.

Entre los valores añadidos de este proyecto se encuentra el hecho de que el alumnado lidera su propio proceso de aprendizaje, selecciona su foco de interés dentro del tema «Mujeres y ciencia», y consolida, mediante la práctica y el trabajo en grupo, un amplio abanico de habilidades relacionadas con la búsqueda de información, la redacción de contenido multilingüe, la traducción o localización de contenido hipermedia (wikitexto), la revisión, la negociación y el debate con los miembros de su equipo y la comunidad de Wikipedia, etc.

Por otra parte, el carácter transversal del proyecto se pone de manifiesto al participar en el mismo profesorado de distintas asignaturas del Grado de Traducción. La formación del profesorado en torno a Wikipedia es otra de las peculiaridades de este proyecto y en este sentido consideramos que esta experiencia podría servir de pilotaje para un proyecto de formación del profesorado de mayor envergadura, posiblemente colaborando con los Servicios de Biblioteca de esta Universidad, con quienes ya estamos en contacto y compartimos intereses.

Por último, consideramos que el proyecto posee potencialidad para servir de punto de partida para fomentar colaboraciones a nivel interuniversitario, posiblemente a nivel europeo e incorporando disciplinas más allá de la Traducción.

VI. Temporalización y cronograma

Describa la organización temporal de las actividades que se llevarán a cabo

— Fase 0: Encuesta inicial (cualitativa y/o cuantitativa) para conocer el uso y la percepción de Wikipedia por parte del profesorado y del estudiantado del Grado de Traducción e Interpretación implicado.
— Fase 1: Acciones formativas centradas en Wikipedia para el profesorado y el estudiantado de Traducción e Interpretación.
— Fase 2: Realización de proyectos de redacción de contenido multilingüe, traducción, localización y/o transcreación de artículos de Wikipedia (fundamentalmente centrados en la temática de Mujeres y Ciencia)

— Fase 3: Evaluación de los resultados tangibles, es decir, de los artículos de Wikipedia creados o traducidos.

— Fase 4: Encuesta final (cualitativa y/o cuantitativa) para conocer el uso y la percepción de Wikipedia por parte del profesorado y del estudiantado del Grado de Traducción e Interpretación y determinar los cambios que se hayan podido producir.

VII. MEMORIA FINAL. COMPROMISOS Y RESULTADOS. PROYECTOS DE INNOVACIÓN Y DESARROLLO DOCENTE **2015/2016**

1. **Título del proyecto**

Formación de traductores y desarrollo de contenido multilingüe en Wikipedia sobre «Mujeres y Ciencia»

2. **Coordinador del proyecto**

Alonso Jiménez, Elisa

3. **Objetivos**

Describa los resultados obtenidos a la luz de los objetivos y compromisos que adquirió en la solicitud de su proyecto. Copie en las dos primeras filas de cada tabla el título del objetivo y la descripción que incluyó en la documentación de la solicitud. Incluya tantas tablas como objetivos contempló y tenga en cuenta que la extensión de este apartado no debe superar 2 páginas.

OBJETIVO N.º: *1 Incorporar la formación tecnológica, en general, y Wikipedia, en particular, en el aula universitaria.*

La competencia tecnológica forma parte de las competencias instrumentales que componen los mapas de competencias de la formación de traductores. No obstante, se debe tratar de integrar la tecnología dentro de los procesos de traducción y no abordarla de manera aislada.

Actividades realizadas y resultados obtenidos

Se han diseñado e implementado actividades de búsqueda documental, redacción y traducción de contenido en las que se han utilizado entre otros los siguientes recursos y herramientas, cuyo manejo por parte del alumnado ha mejorado:

— Búsqueda bibliográfica en el catálogo de la biblioteca de la UPO ATHENEA
— Uso de Google Drive
— Uso de Google Translator Tookit (herramienta de traducción asistida y automática)

— Uso del editor de Wikipedia y el wikitexto
— Uso de procesadores de texto

OBJETIVO N.º: 2 *Formar al profesorado y al estudiantado del Grado en Traducción e Interpretación sobre Wikipedia*

Se hará especial énfasis en cómo aprovechar todas sus ventajas como herramienta de traducción y como instrumento para la inserción laboral de traductores, y en cómo reducir los riesgos derivados de sus problemas de fiabilidad.

Actividades realizadas y resultados obtenidos

El estudiantado ha podido crear contenido en Wikipedia en su lengua materna y traducirlo a sus segundas lenguas, lo que les ha permitido crear un portafolios de gran visibilidad que en el futuro podrán incorporar en su CV, mejorar su competencia tecnológica y traductora, conocer el funcionamiento interno de Wikipedia y familiarizarse con sus fundamentos, así como interactuar con otros editores de Wikipedia (comunidad) ante los cuales han tenido que rendir cuentas de su trabajo como editores y traductores.

Gracias al encuentro que ha tenido lugar entre los docentes del proyecto bajo el formato de grupo de discusión, el profesorado ha podido mejorar su comprensión de Wikipedia, así como compartir experiencias y estrategias docentes que incorporan esta herramienta.

OBJETIVO N.º: 3 *Contribuir a la formación de traductores mediante proyectos vinculados a varias asignaturas*

Los alumnos que han participado en acciones específicas han sido de primero y tercero y su trabajo se ha centrado en la creación de contenido y en la traducción de un mismo corpus de biografías de mujeres en Wikipedia.

Actividades realizadas y resultados obtenidos

— En la acción han participado un total de 8 docentes y 310 estudiantes del Grado en Traducción e Interpretación (TeI) de las siguientes asignaturas:

Traducción de Software y Páginas Web C Inglés	3.º	Grado en Tel Francés
Documentación Aplicada a la Traducción	1.º	Doble Grado
Fundamentos de la Teoría de la Traducción y la Interpretación	1.º	Grado en Tel Inglés
Informática Aplicada a la Traducción 1	1.º	Grado en Tel Inglés
Informática Aplicada a la Traducción 2	1.º	Grado en Tel Inglés
Traducción Audiovisual	4.º	Grado en Tel Inglés
Traducción de Software y Páginas Web B Francés	3.º	Grado en Tel Francés
Fundamentos de la Teoría de la Traducción y la Interpretación	1.º	Grado en Tel Inglés
Traducción de Software y Páginas Web B Inglés	3.º	Grado en Tel Inglés

— En especial, han trabajado de manera coordinada los alumnos de las asignaturas:

- Documentación Aplicada a la Traducción: 19 alumnos
- Traducción de software y páginas Web C Inglés: 29 alumnos
- Traducción de Software y páginas Web B Inglés: 42 alumnos

— El alumno de primer curso Alejandro Orozco, al ser administrador de Wikipedia, ha colaborado en la impartición de talleres a los alumnos de tercero.

OBJETIVO N.º: 4 *Favorecer la transversalidad de la tecnología en la formación de traductores*

Entre las competencias de los traductores e intérpretes se hace énfasis en las tecnologías de traducción especializada y automática, con frecuencia prestando menos atención a los recursos genéricos.

Actividades realizadas y resultados obtenidos

Mediante este proyecto centrado en Wikipedia, se ha vinculado el uso de un recurso genérico como Wikipedia con el empleo de herramientas de traducción asistida y automática como Google Translator Toolkit para la ejecución de proyectos de traducción de artículos.

OBJETIVO N.º: 5 *Contribuir a la visibilidad de «Mujeres y Ciencia»*

Como se indicaba en la solicitud del proyecto, la visibilidad de mujeres en Wikipedia es menor que la de los hombres y este hecho resulta especialmente evidente en el caso de las científicas y académicas.

Actividades realizadas y resultados obtenidos

El estudiantado ha creado un total de 167 507 palabras que ahora forman parte de las biografías de mujeres en Wikipedia en los idiomas español, inglés, francés y alemán.

4. Metodología

Describa la metodología que ha empleado en la ejecución del proyecto de acuerdo con la solicitud del mismo

— Fase 1: Se han diseñado acciones formativas centradas en Wikipedia para el profesorado con el objetivo de conocer su uso y percepción de Wikipedia y de compartir enfoques y metodologías docentes:

El 26 de enero de 2016 se llevó a cabo un encuentro entre los docentes del proyecto bajo el formato de grupo de discusión en el que participaron Elisa Alonso (coordinadora), Gustavo Filsinger, Isabel Briales, Elena de la Cova, Nieves Jiménez e Inmaculada Mendoza. El debate entre docentes se realizó en lengua inglesa.

— Fase 2: Se han diseñado acciones formativas centradas en Wikipedia para el estudiantado de Traducción e Interpretación de las asignaturas Documentación Aplicada a la Traducción (19 alumnos), Traducción de software y páginas Web C Inglés (29 alumnos), Traducción de Software y páginas Web B Inglés (42 alumnos) y Trabajo fin de Grado (1 alumno):

El 8 de enero se organizó un evento para dar difusión al proyecto dentro de los actos organizados en la UPO con motivo del Día Internacional de las Mujeres[1]. Participaron los alumnos de la asignatura de Documentación Aplicada a la Traducción que en aquel momento ya habían redactado los artículos sobre las candidatas en lengua española. El evento consistió en la presentación de los artículos sobre mujeres que ya habían elaborado.

En el Anexo I de esta memoria se recoge el descriptivo de la Actividad de localización de artículos de Wikipedia sobre Mujeres y Ciencia llevada a cabo en las asignaturas de Traducción de Software y Páginas Web.

---

[1] https://www.upo.es/diario/institucional/2016/03/ponen-en-marcha-un-proyecto-para-dar-visibilidad-en-wikipedia-a-las-mujeres-cientificas-y-academicas/

La alumna Rocío Pérez Pino ha realizado su Trabajo Fin de grado (TFG) vinculado a este proyecto de innovación, centrándose en su caso en la creación y traducción de artículos en Wikipedia sobre mujeres astrofísicas.

El alumno Alejandro Orozco (1.º Doble Grado en Humanidades y Traducción e Interpretación) ha participado de manera entusiasta en el proyecto y se ha convertido en administrador de Wikipedia gracias al elevado número de ediciones que realizado en la enciclopedia. Desde ese rol ha podido ayudar a sus compañeros y colaborar en la impartición de talleres sobre Wikipedia al alumnado de los Grados de Traducción e Interpretación de 3er curso.

El alumnado ha ejecutado proyectos que han implicado tareas de documentación, redacción, traducción, localización y/o transcreación de artículos de Wikipedia en español, inglés, francés y alemán centrados en 20 biografías de mujeres destacadas del ámbito hispanoamericano:

— Carmen Balcells
— Margarita Salas
— Carmen Martín Gaite
— Flora de Pablo
— Margarita Gil Roësset
— Clara Campoamor
— Eurídice Cabañes
— Milagros Frías
— Mercedes Comaposada
— Celia Amorós
— Josefina Molina
— Belén de Sárraga
— Almudena Grandes
— María Moliner
— Carmen Laforet
— Clara Janés
— Carolina Coronado
— Catalina de Erauso
— Icíar Bollaín
— Victoria Kent

Se ha hecho especial énfasis en el trabajo en equipo, de manera colaborativa e inclusiva, sobre todo con vistas a la integración de estudiantes extranjeros quienes han actuado como gestores de los proyectos de traducción de Wikipedia.

5. Evaluación

Explique los procesos de evaluación que se han llevado a cabo, y describa los resultados de la evaluación de manera objetiva y cuantificable que ha generado la innovación docente realizada.

Se ha creado contenido multilingüe en Wikipedia sobre las candidatas antes indicadas en las siguientes asignaturas:

— Documentación Aplicada a la Traducción: 19 alumnos
— Traducción de software y páginas Web C Inglés: 29 alumnos
— Traducción de Software y páginas Web B Inglés: 42 alumnos
— Trabajo Fin de Grado: 1 alumna
— Alumna interna: 1 alumna

El alumnado ha practicado y mejorado su competencia instrumental (fundamentalmente gestora y documental), así como su competencia traductora. La evaluación de las actividades de creación de contenido en lengua española y de traducción de los artículos a tres lenguas extranjeras ha sido realizada por el profesorado de las asignaturas. La evaluación de todas las actividades ha sido satisfactoria en todos los casos, ya que el alumnado ha superado con creces los objetivos planteados. Se ha dado la circunstancia de que el alumnado ha valorado de manera muy positiva cada una de las acciones realizadas y se ha involucrado más allá de los objetivos que se habían fijado para cada actividad. Igualmente, han valorado de manera positiva en el análisis crítico que han realizado sobre cada actividad el hecho de que su trabajo haya contribuido a mejorar la visibilidad de las mujeres en Wikipedia y, por ende, en la sociedad.

Los resultados cuantitativos que ilustran el trabajo que se ha realizado se ponen de manifiesto en la siguiente figura en la que se indica, junto al nombre de cada candidata, el total de contenido creado en cada uno de los idiomas de trabajo: español, inglés, francés y alemán. Se emplea como unidad cuantitativa el byte de información, por ser esta la medida que se emplea en Wikipedia para medir el contenido de los artículos.

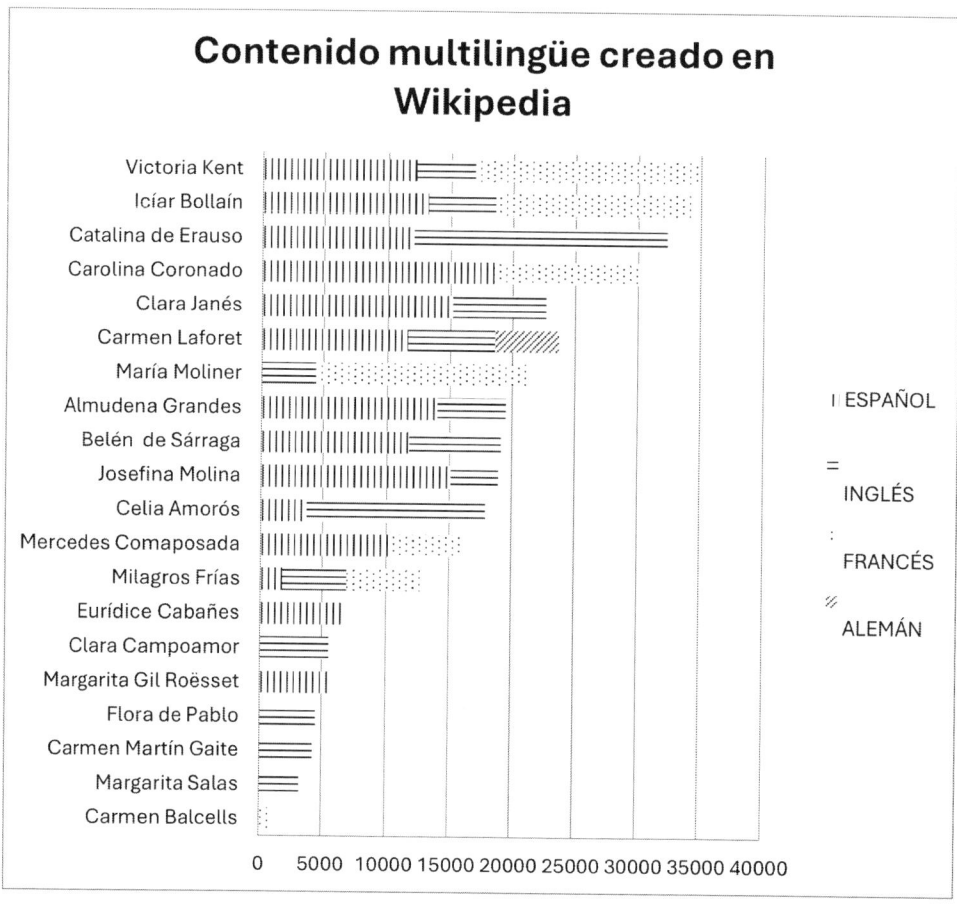

Figura 1. Cantidad de contenido (en bytes) creado en Wikipedia para cada candidata

Si consideramos que una palabra equivale de manera aproximada a 2 bytes de información, obtenemos que el estudiantado ha creado un total de 167 507 palabras de contenido multilingüe en Wikipedia, lo que sin duda ha contribuido a mejorar la visibilidad de las mujeres que han sido objeto de este proyecto.

	N.º palabras ESPAÑOL	N.º palabras INGLÉS	N.º palabras FRANCÉS	N.º palabras ALEMÁN	N.º palabras contenido multilingüe / candidata
Carmen Balcells	603		543		1146
Margarita Salas		1614			1614
Carmen Martín Gaite		2154			2154
Flora de Pablo		2276			2276
Margarita Gil Roësset	2716				2716
Clara Campoamor		2759			2759
Eurídice Cabañes	3307				3307
Milagros Frías	877	2567	2920		6363
Mercedes Comaposada	5108		2875		7983
Celia Amorós	1840	7117			8957
Josefina Molina	7536	1919			9455
Belén de Sárraga	5886	3674			9559
Almudena Grandes	6991	2757			9748
María Moliner		2170	8368		10538
Carmen Laforet	5816	3480		2551	11846
Clara Janés	7584	3766			11350
Carolina Coronado	9242		5787		15029
Catalina de Erauso	6031	10134			16165
Icíar Bollaín	6602	2682	7829		17113
Victoria Kent	6111	2346	8978		17435
Subtotal/idioma	76247	51411	37299	2551	
				Total	167507

Tabla 1. Cantidad de contenido (en palabras) creado en Wikipedia para cada candidata

Como se ha explicado, se ha tratado de dar protagonismo a los estudiantes internacionales, quienes han asumido el rol de gestores de proyecto y revisores. Esto ha permitido al estudiantado local poner en valor las competencias de sus homólogos internacionales, ya que se ha trabajado en proyectos de traducción inversa, es decir,

23

desde el español a otras lenguas (inglés, francés y alemán), lo que claramente ha favorecido su integración en nuestra universidad.

Además de la evaluación del trabajo llevado a cabo por el alumnado, esta acción se planteaba como objetivo evaluar el uso y la percepción de las tecnologías en general y de Wikipedia en particular entre el estudiantado de Traducción e Interpretación y de Doble Grado en Humanidades y Traducción e Interpretación. Por este motivo se ha llevado a cabo una encuesta cuantitativa que fue diseñada por la coordinadora en LimeSurvey, y que fue validada y difundida por todos los miembros del equipo entre todos los cursos de los citados grados.

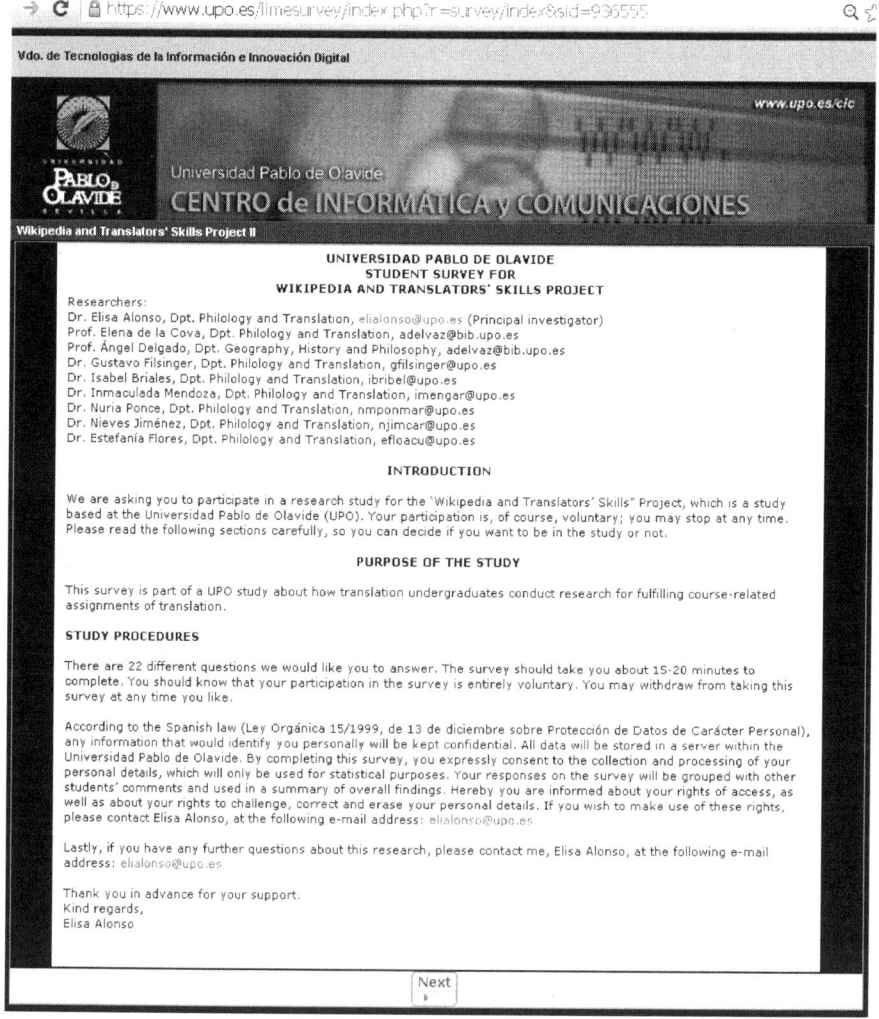

Figura 2. Página inicial de la encuesta diseñada para el alumnado

La encuesta era de carácter voluntario y finalmente la cumplimentaron 98 alumnos. El cuestionario tenía preguntas sobre el perfil (edad, sexo, estudios, país, idiomas, etc.), y preguntas sobre el uso y la percepción de Wikipedia. Los resultados se analizaron y procesaron mediante SPSS y Excel.

La edad de la mayoría de los sujetos oscilaba entre los 18 y los 21 años (68%) seguida por la franja entre los 22 y los 25 años (27%).

Como es habitual entre el estudiantado de Traducción e Interpretación en España, predominaban en la muestra las mujeres (83%) frente a los hombres (16%).

En cuanto al país de residencia de los sujetos, la gran mayoría eran de España (93.1%), aunque también había representación de otros países europeos (Bélgica, 2.3%; Alemania 2.3%; Dinamarca 1.1%; Irlanda, 1,1%). Entre los sujetos predominaban los estudiantes del Grado en Traducción e Interpretación Inglés (59.2%), seguidos de los del Doble Grado en Humanidades y Traducción e Interpretación (16.3%), Grado en Traducción e Interpretación Francés (14.3%), Grado en Traducción e Interpretación Alemán (5.1%) y Otros (5.1%). La mayoría eran estudiantes de 3er curso (33.7%) o de 1er curso (32.6%), aunque también había de 4.º curso (24.5%) y 5.º curso (9.2%).

Como cabía esperar, la mayoría de los sujetos tenía como lengua materna el español (89.4%), siendo el resto de lenguas maternas minoritario: francés (3.2%), inglés (2.1%), alemán (2.1%), árabe (1.1%), danés (1.1%) y wolof (1.1%).

Seguidamente se exponen los principales resultados sobre uso de herramientas a la hora de traducir. Se observa que Wikipedia ocupa el 8.º lugar en el ranking de recursos más utilizados. En las primeras posiciones aparecen herramientas genéricas como Google, Google Images, la propia Wikipedia y otras enciclopedias, junto con herramientas específicas de la traducción: corpus paralelos y diccionarios monolingües o bilingües y bases de datos terminológicas. Especial mención merece le lugar destacado que ocupan los dispositivos móviles entre el repertorio de herramientas del estudiantado.

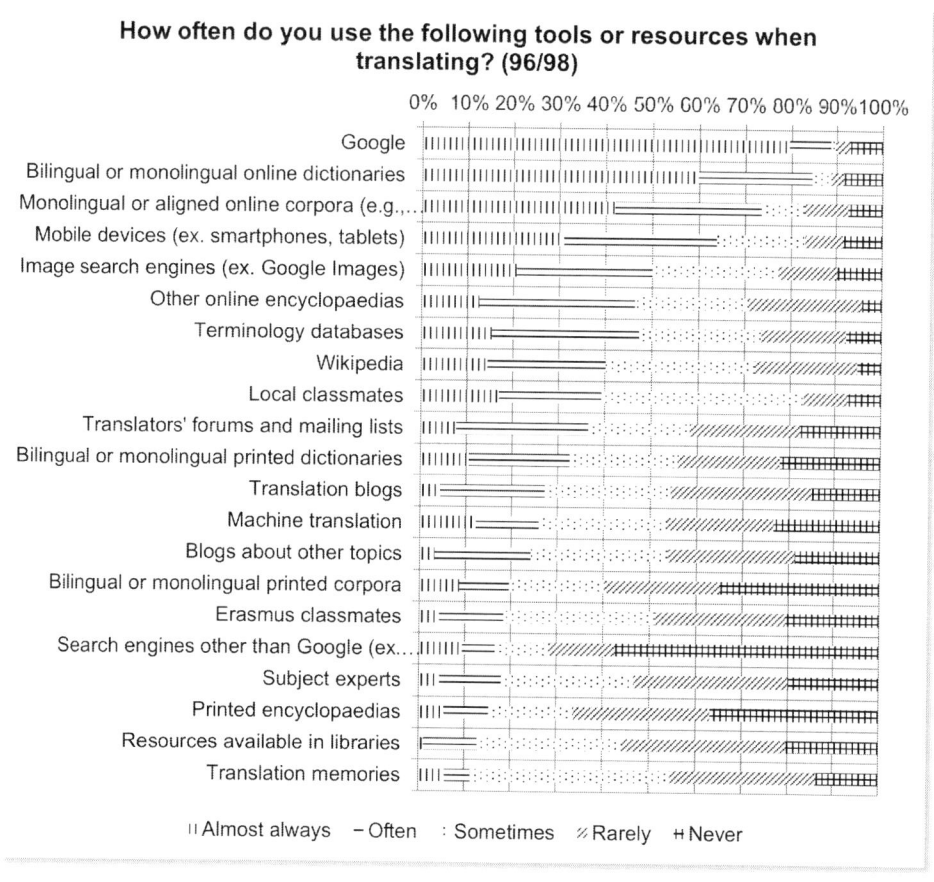

Figura 3. Recursos y herramientas del estudiantado a la hora de traducir

Wikipedia se perfila como un recurso que permite obtener un primer acercamiento al objeto de estudio, pero luego se coteja la información con otras fuentes. Igualmente se pone de manifiesto la necesidad de dotar al estudiantado de estrategias para determinar la calidad de los artículos de Wikipedia.

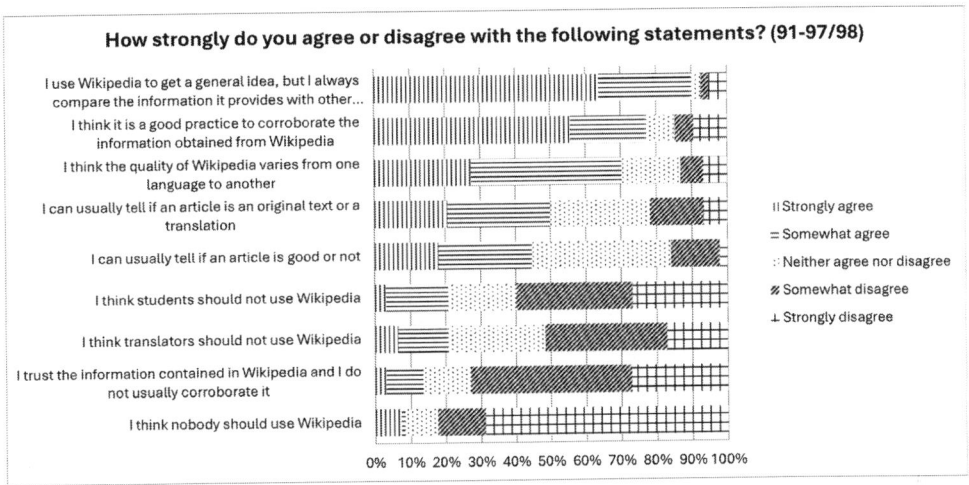

Figura 4. Percepción de Wikipedia entre el estudiantado

Se documenta una percepción moderadamente positiva del estudiantado respecto a su utilidad y fiabilidad (predominan las valoraciones de Wikipedia «Useul» (Útil) o «Moderatly useful» (Bastante útil), y «Reliable» (Fiable) o «Moderatly reliaa ble» (Bastante fiable):

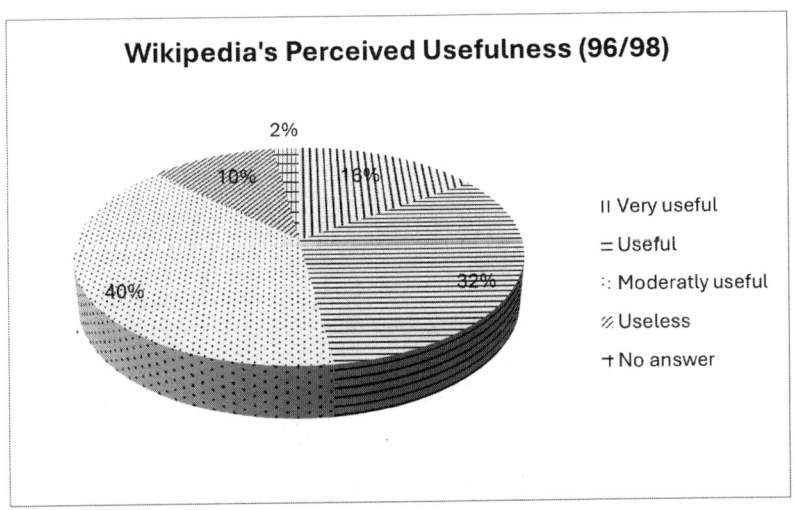

Figura 5. Percepción de la utilidad de Wikipedia entre el estudiantado

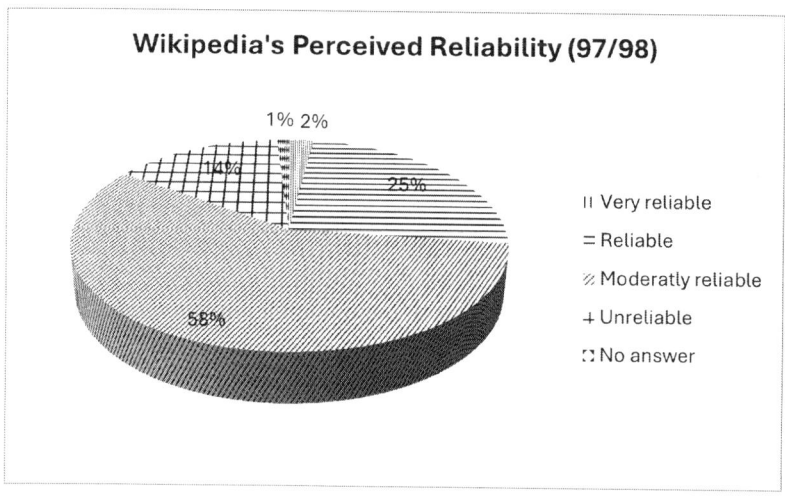

Figura 6. Percepción de la fiabilidad de Wikipedia entre el estudiantado

No obstante, se aprecia una valoración más rotundamente positiva respecto a su facilidad de uso, ya que predominan valoraciones «Very easy to use» (Muy fácil de utilizar)

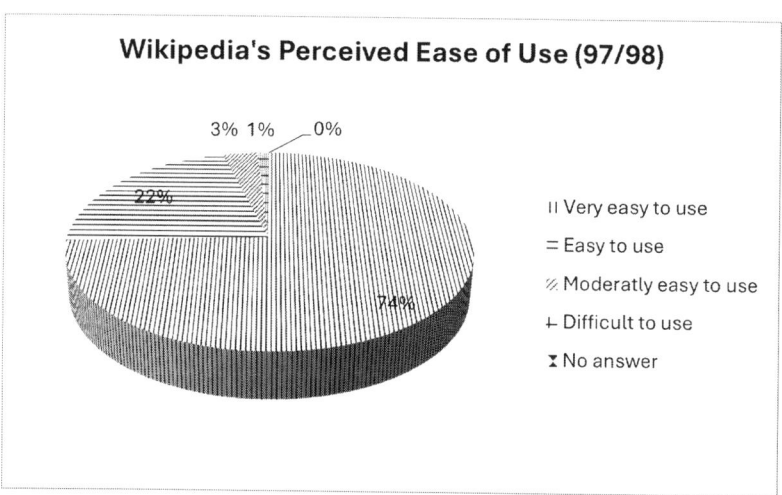

Figura 7. Percepción de la facilidad de uso de Wikipedia entre el estudiantado

6. **Proyección**

Explique en qué medida se pueden transferir las innovaciones realizadas en el proyecto a otras materias, asignaturas, titulaciones, etc. a la luz de los resultados obtenidos

Esta acción ha demostrado poseer un fuerte acento en las tecnologías de la información y la comunicación, ha fomentado las competencias multilingües dentro del aula universitaria, ha promovido la inserción académica, profesional y científica del alumnado y ha logrado integrar tanto a alumnos locales y alumnos extranjeros de estancia en nuestra universidad.

Ha quedado de manifiesto la enorme potencia de los proyectos de índole colaborativa en los que el estudiantado asume el liderazgo de su proceso de aprendizaje, ya que el resultado tangible de su trabajo asciende a más de 150 000 palabras nuevas en 4 idiomas (español, inglés, francés y alemán) que ahora se encuentran disponibles en Wikipedia y que contribuyen a la visibilidad de mujeres destacadas de distintos campos.

Este proyecto ha permitido al estudiantado componer un portafolios de contenido redactado y traducido de gran visibilidad, que podrán incluir en la elaboración de sus CV profesionales en un futuro próximo.

El lugar destacado que ocupa Wikipedia dentro de repertorio de herramientas del estudiantado merece una consideración especial, así como mayor atención en proyectos que den continuidad a este. Resulta fundamental, a la luz de los resultados de la encuesta, realizar un seguimiento de esta tendencia, así como diseñar materiales que permitan al estudiantado determinar la fiabilidad de los recursos, un reto esencial en la actual sociedad digital. De manera adicional, en este trabajo se documenta el lugar destacado que ocupan los dispositivos móviles entre el estudiantado, confirmando así una intuición que suele tener el profesorado y que ahora confirman datos empíricos. Sin duda este es otro aspecto cuya evolución se debe supervisar en futuros proyectos de innovación docente.

7. **Anexo I. Actividad de localización de artículos de Wikipedia sobre Mujeres y Ciencia**

2015-2016
Grado en Traducción e Interpretación
Traducción de software y páginas Web C y B Inglés
Profesoras Elisa Alonso y Elena de la Cova

Comenzamos a plantear esta actividad evaluable que consiste en traducir artículos de Wikipedia a una de vuestras lenguas extranjeras.

En esta actividad, en la medida de lo posible, serán revisores los alumnos que tienen como primera lengua una lengua distinta del español (es decir, nuestros alumnos internacionales). Los alumnos locales pueden formar grupos para traducir al inglés, siempre que se aseguren de que algún nativo de esta asignatura o de otra revisará su trabajo.

Cada grupo será de 3 miembros (incluido el revisor).

Las candidatas cuyos artículos traduciremos son las siguientes:

— Belén de Sárraga
— Margarita Gil Roësset
— Mercedes Comaposada
— Milagros Frías
— Carmen Balcells
— Celia Amorós
— Carolina Coronado
— Icíar Bollaín
— Clara Janés
— Carmen Laforet
— Josefina Molina
— Catalina de Erauso
— Almudena Grandes
— Victoria Kent

Otras posibles candidatas sobre cuyas biografías no hemos creado contenido en lengua española, pero que tienen artículo en Wikipedia son:

— Margarita Salas
— Flora de Pablo
— Pilar López Sancho
— Celia Sánchez Ramos
— Clara Campoamor
— Emilia Pardo Bazán
— María Zambrano
— María Moliner
— Rosa Chacel
— Carmen Martín Gaite
— Carmen Conde
— Elena Quiroga
— Ana María Matute
— Carmen Iglesias
— Aurora Egido
— Carme Riera
— Inés Fernández-Ordóñez

Para conocer los fundamentos de Wikipedia (pilares básicos, organización, etc.), se deben consultar las páginas 11-15 y 18-31 de la siguiente obra disponible de manera electrónica en la biblioteca de la UPO:

SAORÍN, Tomás, *Wikipedia de la A a la Z*, Barcelona, Editorial UOC, 2012.

En principio, la herramienta que utilizaremos para traducir (poseditar los artículos) será Google Translator Toolkit, pero, cuidado, lo utilizaremos SOLO como herramienta de traducción y no volcaremos la traducción desde ahí a Wikipedia (de hacerlo así, otro editor de Wikipedia podría pensar que es una traducción automática de baja calidad y la podría eliminar). Cuando trabajemos en la traducción en Google Translator Toolkit, aparecerán etiquetas (*placeholders*) de hipervínculos y otros elementos del wikitexto (lenguaje de marcado de Wikipedia). En esta fase, no debemos preocuparnos en exceso de las etiquetas, sino que será en la segunda fase (de volcado) cuando tengamos que adecuar el artículo traducido a las convenciones de Wikipedia, agregando, por ejemplo, enlaces a otros artículos e indicando correctamente las referencias a notas al pie.

Para la segunda fase, cuando vayamos a «volcar» el artículo traducido en Wikipedia, es necesario que al menos un miembro del equipo cree una cuenta en Wikipedia. Solo realizaremos modificaciones en los artículos cuando estemos conectados con nuestro usuario de Wikipedia (es la única forma de *visibilizar* nuestro trabajo de cara a otros editores de Wikipedia y también con vistas a la evaluación de esta actividad.)

Como paso previo al volcado en Wikipedia, es conveniente copiar el contenido traducido desde Google Translator Toolkit y pegarlo (Pegado especial sin formato) en un documento de Word. De esta forma tendremos un texto traducido en formato básico (sin etiquetas, *placeholders*, etc. que dificulten nuestro trabajo).

El volcado de las traducciones en Wikipedia se puede hacer desde el Editor básico o Wyisiwyg de Wikipedia (el Editor Wyisiwyg no siempre está disponible en todos los idiomas).

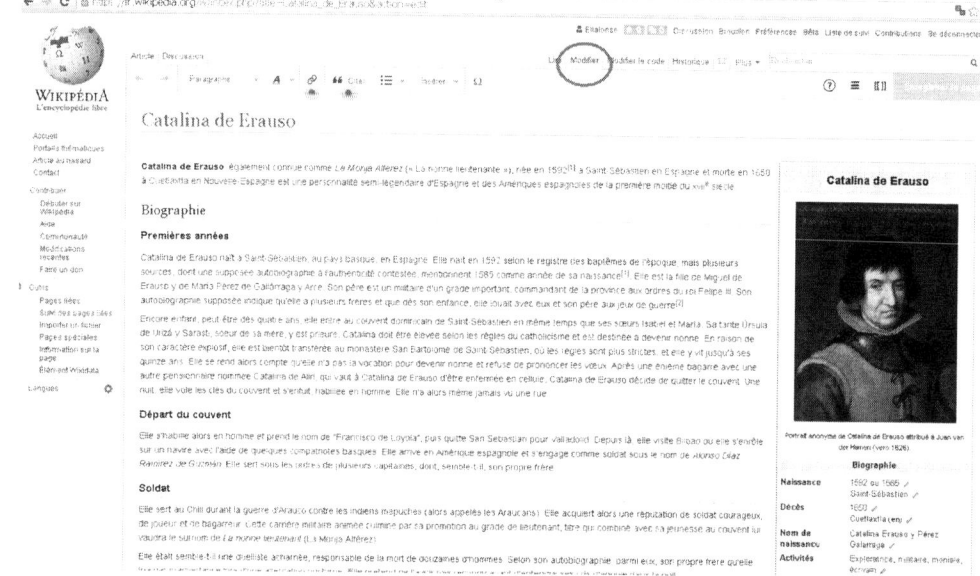

Figura 8. Editor Wyisiwyg de Wikipedia

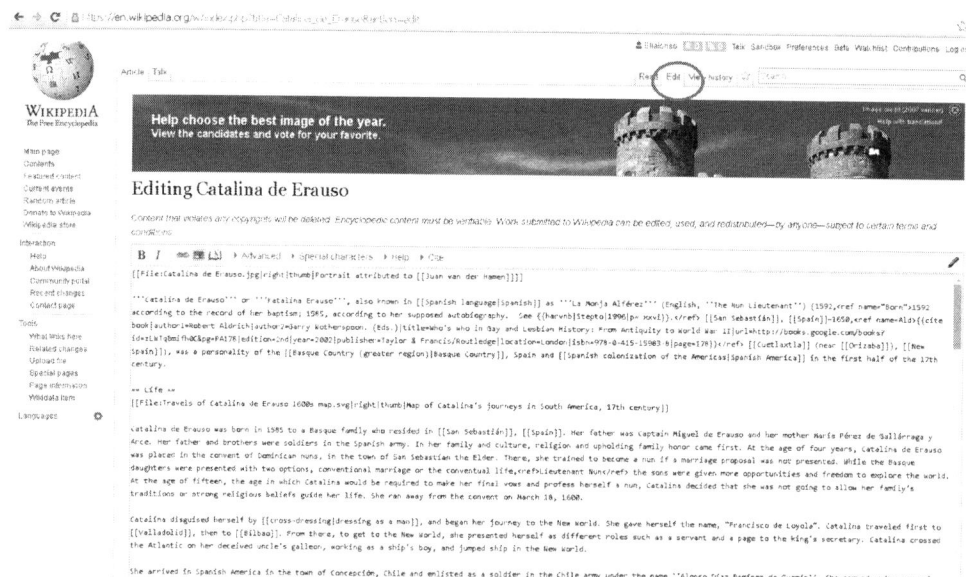

Figura 9. Editor básico (wikitexto) de Wikipedia

También es posible utilizar la función Contribuciones (esta última se debe activar desde el menú Beta que aparece cuando iniciamos sesión con nuestro usuario en Wikipedia).

Figura 10. Función Contribuciones de Wikipedia (se activa desde el menú Beta)

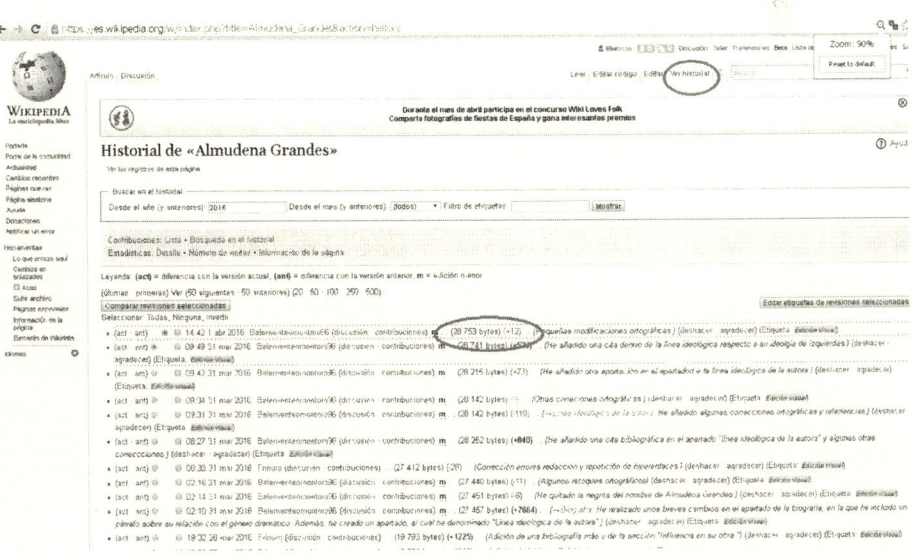

Figura 11. Cómo ver el tamaño de un artículo de Wikipedia

ENTREGA:

El documento que se debe entregar debe contener la siguiente información:

— Nombres de los miembros del equipo y roles (puede haber roles duplicados):
  - Traductores:
  - Revisor:
  - Gestor del proyecto:
— Candidata(s) cuyo artículo han traducido:
— Idioma(s) de destino:
— Usuario(s) de Wikipedia que se han utilizado para volcar las traducciones
— Fecha de inicio de volcado de traducciones:
— Tamaño inicial en bytes del/de los artículo(s)
— Fecha de finalización de volcado de traducciones:
— Tamaño final en bytes del/de los artículo(s)
— Artículo original en PDF
— Artículo traducido en PDF
— Breve explicación del proceso de trabajo (organización del trabajo, dificultades, valoración del trabajo)

Capítulo 4
Proyecto de I+D+i « Mapping Post-Editing Practices For Digital Societies. Poseditana-SOC »

Convocatoria: Ayudas Fundación BBVA a Equipos de Investigación Científica. Convocatoria 2016.
Entidad: Fundación BBVA
Modalidad: Humanidades
Duración: 2 años
Financiación: No concedida
Título: Poseditana-SOC. Mapping Post-Editing Practices For Digital Societies
Referencia: No consta
Fecha de concesión: No concedido
Etapa: Posdoctoral
Categoría profesional en ese momento: Ayudante Doctor

Palabras clave: posedición, traducción automática, traducción, multilingüismo, internacionalización, gobernanza, empleabilidad, competencias, MCER

I. OBJETIVOS Y JUSTIFICACIÓN DEL PROYECTO

Los procesos de globalización a los que hemos asistido en las últimas décadas han tenido como consecuencia un aumento de la necesidad de traducir contenido y un mayor flujo de comunicaciones multilingües (Common Sense Advisory 2015). De manera paralela, los avances producidos en el ámbito de la traducción automática desde mediados del siglo xx se han acrecentado de manera vertiginosa en la última década (Chan 2015). En consecuencia, a día de hoy, la ciudadanía puede acceder a servicios de traducción automática de manera instantánea, ubicua y gratuita (European Commission 2014: 40).

En el ámbito de la traducción profesional y desde los Estudios de Traducción, se ha prestado enorme atención al impacto de estos avances en la labor del traductor (sociología de la traducción) (Guerberof Arenas 2013; Alonso 2015), en el proceso de traducción (aspectos cognitivos) y en su resultado (métricas de calidad) (Vieira 2015).

En la actualidad, la calidad que ofrecen los motores de traducción automática para muchos pares de lenguas (entre ellas, las principales lenguas del ámbito europeo) ha permitido la implantación por parte de proveedores de servicios de traducción (LSP, *language service providers*), instituciones y empresas de procesos de posedición. En dichos procesos, el traductor profesional, ya no traduce desde cero a partir de un texto de origen, sino que lo que hace es modificar un borrador ya traducido de manera automática en lengua meta. La posedición se considera entonces como: «a process of improving through modification (rather than revision) a machine-generated translation, often eyeing a minimum of effort on behalf of the post-editor» (Declercq 2015: 485).

La posedición se trata de un proceso que resulta especialmente útil cuando es necesario traducir gran cantidad de texto, se necesita una traducción de manera instantánea o en un plazo reducido, cuando se dispone de un presupuesto de traducción limitado o cuando el texto a traducir es sencillo desde el punto de vista sintáctico, estilístico, gramatical, etc. (ej. contiene frases cortas, no contiene figuras literarias, dobles sentidos, humor, etc.).

Existen iniciativas (TAUS S.f.) para lograr que la plena traducción automática simultánea y de calidad (HQMT, *high quality machine translation*) se convierta en un servicio de bajo coste y de fácil acceso para la ciudadanía, algo parecido a lo que ocurre en la actualidad con el agua corriente o la electricidad (en inglés, este tipo de servicios se conoce como *utility*). No obstante, el hecho de que los fenómenos comunicativos que emanan de las lenguas se encuentren arraigados en una determinada cultura, con sus usos, costumbres, peculiares connotaciones, etc. hace difícil determinar si la HQMT será factible pronto y en cualquier circunstancia comunicativa. Lo que sí parece cierto, es que la posedición se irá consolidando como actividad especializada dentro de los servicios de traducción (Common Sense Advisory 2015).

A nivel institucional europeo, el Directorate-General for Translation (DGT) de la Comisión Europea lleva décadas interesado en el desarrollo de la traducción automática y en los últimos años ha centrado esfuerzos en torno al proyecto de traducción automática estadística Moses[1]. En la actualidad, a través del servicio MT@ EC, el DGT ofrece traducción automática a las instituciones y agencias de la UE, así como a las administraciones públicas de los países de la UE. Se está produciendo, por tanto una paulatina implantación de la traducción automática (que posteriormente necesita posedición humana) a nivel institucional europeo y nacional. Sin embargo, se plantean las siguientes preguntas:

---

[1] http://www.statmt.org/moses/

— ¿Qué sucede más allá del contexto de las grandes instituciones y de la traducción profesional?

— ¿Cómo afectan la traducción automática y la posedición a la ciudadanía, a su manera de comunicarse en un entorno globalizado y multilingüe?

— ¿Qué competencias digitales pone en práctica la ciudadanía para eliminar las barreras lingüísticas?

El presente proyecto, con una duración prevista de 24 meses, tiene como objetivo conocer cuáles son las prácticas de la ciudadanía respecto a la posedición (edición humana de traducciones automáticas). Nuestra hipótesis de partida es que la ubicuidad de la traducción automática, junto con las limitadas competencias multilingües de gran parte de la ciudadanía, configuran un escenario en el que la *comunicación está mediada por la traducción* (O'Hagan y Ashworth 2002) y, más concretamente, por la posedición de traducción automática. Las prácticas comunicativas actuales, por tanto, estarían regidas por una interacción humano-máquina, en la que el ciudadano recurre a motores de traducción automática (y un variado repertorio de otros recursos multilingües disponibles en Internet) para salvar los obstáculos de una comunicación mundializada y digital llena de desafíos. En este contexto, juegan también un papel decisivo las competencias digitales de la ciudadanía, que en el ámbito europeo se perciben como mejorables (Comisión Europea 2014), así como las políticas multilingües a nivel europeo, por lo que, de manera adicional este proyecto persigue identificar las brechas digitales y multilingües de la ciudadanía.

Nuestra metodología se sustenta en un enfoque cualitativo basado en entrevistas y grupos de discusión que se organizarán en España y Reino Unido. La muestra recopilará un variado espectro de perfiles: empleados/empresarios de PYMES y de multinacionales, empleados públicos, jóvenes desempleados, jubilados. La muestra cumplirá además con las siguientes condiciones: paridad entre sexos, participación de del ámbito urbano y rural, y con distintos niveles de competencia de lenguas (MCERL). Se analizará el análisis del discurso de estos sujetos mediante NVIVO (tecnología de análisis de datos cualitativos, QDAS) para facilitar la visualización de los resultados y las comparaciones entre subgrupos.

A nivel europeo, el multilingüismo es un asunto de primer orden y existen a grandes rasgos dos políticas: proteger la diversidad lingüística de Europa y promocionar el aprendizaje de lenguas (European Union S.f.). Los datos de la encuesta del Eurobarómetro sobre los europeos y sus lenguas revelaron que los europeos tienen actitudes muy positivas respeto al multilingüismo (European Commission 2012: 141), pero también que existen limitaciones (142):

— Aunque el 54% de los europeos pueden mantener una conversación en al menos una lengua extranjera, no existen indicios de un aumento del multilingüismo.

— Solo el %25 de los europeos puede hablar dos lenguas extranjeras y solo uno de cada diez (%10) puede conversar en tres lenguas.
— Ha aumentado (ligeramente) el número de europeos que afirman que no pueden hablar ninguna lengua extranjera).

Podemos afirmar por lo tanto, que al igual que existe una brecha digital que afecta a las personas de mayor edad y a aquellas que se encuentran en umbrales de pobreza y exclusión social, también existe una brecha lingüística que resulta limitante para algunos ciudadanos europeos.

De manera relevante para nuestro proyecto, en dicha encuesta se hacía mención a la percepción positiva que tienen los europeos de la traducción y merece destacarse que la mayoría de ellos piensan que la traducción juega un papel importante en muchas áreas de la sociedad y en sus vidas diarias. De manera específica, se percibe el papel destacado que desempeña la traducción en lo relacionado con la salud y la seguridad, la educción y el aprendizaje, a la hora de buscar un empleo, para informarse de lo que acontece en el resto del mundo, para cuestiones de ocio, así como para facilitar la participación y la información en asuntos europeos (European Commission 2012: 144).

En el ámbito económico y de la empresa, según datos recientes, algunas de las barreras que encuentran las PYME europeas a la hora de internacionalizarse y exportar son de índole lingüística y se deben al hecho de no contar con personal con suficientes competencias en lenguas extranjeras (European Commission 2015a: 66, 89; Medina 2013). En la misma línea, de acuerdo con los resultados de una encuesta llevada a cabo entre ejecutivos de todo el mundo, las empresas son conscientes de la necesidad de contar con empleados con competencias multilingües y en consecuencia, esta es una cualidad de enorme peso en los procesos de selección de personal (The Economist 2012). Esta percepción es compartida también entre los ciudadanos europeos, quienes opinan que existe una correlación entre las competencias multilingües y la empleabilidad (European Commission 2012).

Dentro de la Agenda Digital para España, en el *Plan de Impulso de la Tecnologías del Lenguaje* (Gobierno de España 2015: 11) se revisa la situación actual del sector de las tecnologías del lenguaje basándose en distintos informes (DG Translation 2014; META-NET S.f.) y se concluye que, en Europa, el mercado de la comunicación humano-máquina crecerá de 8000 M € en 2015 a 15 000 M € en 2020; y que el mercado de la traducción automática y procesamiento textual independiente de lenguaje crecerá de 12 000 M € en 2015 a 30 000 M € en 2020. Los procesos de posedición de traducción automática tendrán en el futuro inmediato una importancia exponencialmente creciente.

Adicionalmente, cuestiones fundamentales de este proyecto como la importancia de la comunicación multilingüe, la necesidad de internacionalización de empresas y el acceso a las herramientas digitales se contemplan también en otros planes de la Agenda Digital:

— Plan de TIC en PYME y comercio electrónico
— Plan de internacionalización de empresas tecnológicas
— Plan de inclusión digital y empleabilidad

A nivel europeo, el proyecto Poseditana-SOC aspira a contribuir a los principales retos identificados en el Horizonte 2020, concretamente respecto a los siguientes:

— Prioridad III Retos sociales
   P3_6 Sociedades inclusivas, innovadoras y seguras
— Prioridad II: Liderazgo industrial
   P2_1 Liderazgo en tecnologías industriales y de capacitación
   P2_1_1 TIC
   P2_3 Innovación en las PYME
— Prioridad I: Ciencia excelente
   P1_2 Tecnologías Futuras y Emergentes (FET)

En resumen, Poseditana-SOC es un proyecto que emana del ámbito de las Humanidades, pero que aspira a ejercer un impacto en la Sociedad Digital. Su carácter interdisciplinar se inspira en las recomendaciones del programa europeo Horizonte 2020 (European Commission 2015 b: 48), en cuyo reto «Europa en un mundo cambiante, sociedades inclusivas, innovadoras y reflexivas» de la prioridad III (Retos sociales) se aboga por una mayor interacción entre las Humanidades y Ciencias Sociales, por un lado, y las disciplinas tecnológicas, por otro, ya que aunando sinergias se pueden lograr perspectivas e innovaciones más inclusivas de las tecnologías de la información y la comunicación (TIC). Nuestro interés general se centra en el efecto de Internet en la forma de comunicarse de las sociedades, las culturas y los ciudadanos.

Poseditana-SOC sustenta además la línea de trabajo desarrollada en el Work Pro gramme 2014-2015 sobre TIC, reto específico «Content technologies and information management) ICT 17-2014 «Cracking the language barrier» (European Commission 2014: 22), cuyo objetivo es facilitar la comunicación en línea para beneficio del mercado digital único a través de sistemas y soluciones basados en la traducción automática que eliminen las barreras lingüísticas.

Como se explicará en mayor detalle dentro del apartado metodológico, para alcanzar nuestros objetivos se realizarán dos grupos de discusión, uno en España y otro en Reino Unido en el que habrá individuos con distintos perfiles: empleados/empresarios de PYMES, empleados/empresarios de multinacionales, empleados públicos, jóvenes desempleados, jubilados. El proyecto se caracteriza por el uso innovador de tecnologías de la información aplicadas al análisis del discurso, que se realizará mediante el software NVIVO.

Con frecuencia, la sociedad es una fuente importante de creatividad y de innovación empresarial, del sector público y social, es por ello que recoger evidencias empíricas sobre las competencias digitales y multilingües de la ciudanía en lo que respecta a la posedición puede ayudarnos a determinar las debilidades y carencias de sus prácticas, pero también resultar un motor de innovación por describir usos o aplicaciones inesperados. Por lo tanto, nuestros objetivos serán:

— Conocer las prácticas de posedición de los sujetos de la muestra (ciudadanos europeos principalmente españoles y británicos).
— Recopilar una base de datos basada en datos empíricos que documente su uso y percepción de la posedición.
— Identificar las barreras de la ciudadanía respecto a la comunicación multilingüe.
— Determinar la existencia de las brechas digital y multilingüe en nuestra muestra.
— Analizar el discurso de los sujetos para determinar su uso y percepción de las herramientas de posedición (así como de otras tecnologías multilingües disponibles de manera digital).
— Determinar cómo las prácticas de posedición pueden complementar las competencias lingüísticas de los sujetos.
— Diseñar recomendaciones para mejorar las competencias multilingüe y digital de la ciudadanía.

II. METODOLOGÍA DE LA INVESTIGACIÓN

La metodología de este proyecto se sustenta en un enfoque cualitativo que incorpora una mirada interpretativa y hermenéutica de las prácticas de posedición narradas por los ciudadanos de la muestra. Con este fin, se organizarán dos grupos de discusión, uno en España y otro en Reino Unido, y —si fuera necesario para completar el espectro de perfiles necesarios— entrevistas individuales como instrumentos de aproximación a la realidad social. El hecho de haber elegido estos dos países para la organización de los grupos de discusión obedece al hecho de que tanto español como inglés son dos lenguas de enorme importancia a nivel mundial y a nivel europeo. Además la iniciativa del proyecto emana de la Universidad Pablo de Olavide en España, y se da la circunstancia de que el inglés es la segunda lengua más estudiada en el mundo. Reino Unido es un importante socio comercial para España y un mercado importante que acoge a gran parte de los españoles que se establecen a otros países en busca de una mejora laboral o de un empleo.

Robson (2011: 279-280) destaca la importancia de las entrevistas y grupos de discusión como métodos de investigación cualitativos en Ciencia Sociales, ya sea como único método de trabajo o en diseños multiestrategia. La filosofía que subyace al empleo de estos instrumentos como método de investigación suele ser la de la *grounded theory*: una estrategia sistemática pero flexible, que, según Robson (2011: 79), trata de generar una teoría a partir de los datos recopilados durante el estudio.

Los perfiles que compondrán la muestra de sujetos serán los siguientes:

— Empleados/empresarios de PYMES
— Empleados/empresarios de multinacionales
— Empleados públicos
— Jóvenes desempleados
— Jubilados

De manera adicional, la muestra cumplirá en la medida de lo posible con las siguientes condiciones:

— Paridad entre sexos
— Participación de sujetos tanto del ámbito urbano, como del ámbito rural
— Participación de sujetos con distintos niveles de competencia de lenguas (Marco Común Europeo de Referencia para las Lenguas)

Las sesiones (ya sean grupos o entrevistas) se basarán en el formato de entrevistas semiestructuradas (Robson 2011: 280) en torno a una serie de temas previamente seleccionados en el proyecto, es decir, las prácticas de posedición de la ciudadanía.

El proyecto se caracteriza por el uso innovador de tecnologías de la información aplicadas al análisis del discurso, que se realizará mediante el software NVIVO.

NVIVO es un software para el análisis de datos cualitativos (QDAS, del inglés *qualitative data analysis software*) y tiene como objetivo servir de ayuda al investigador para mejorar la eficiencia y la efectividad de su trabajo. NVIVO permite grabar, ordenar, establecer concordancias y vincular mejor el contenido de las entrevistas. También ofrece la posibilidad de trabajar de manera individual o en equipo para escribir comentarios, realizar el seguimiento de ideas, indexar o codificar datos con etiquetas temáticas o conceptuales. No obstante, las funciones en las que destaca por encima de otras opciones de análisis cualitativo es a la hora de añadir información demográfica o de otro tipo para realizar comparaciones entre subgrupos, realizar búsquedas para examinar patrones, desarrollar gráficos o modelos visuales, así como generar informes u obtener resultados a partir de los datos (Bazeley y Jackson 2013).

III. **Experiencia e idoneidad del grupo de investigación**

En la trayectoria de la solicitante se combinan las dos principales líneas de investigación que confluyen en este proyecto: la traducción y las tecnologías de la información. Por un lado, licenciada en traducción e interpretación, traductora jurada del Ministerio de Asuntos Exteriores, traductora profesional durante 12 años, docente en formación de grado y máster de Traducción e Interpretación Por otro lado, miembro del grupo de investigación en Teoría y Tecnología de la Información

HUM 384, doctora por la Universidad de Sevilla con una tesis centrada en el uso y percepción de Wikipedia en el entorno de la traducción profesional defendida en la Facultad de Comunicación en 2014.

En sus estancias internacionales predoctorales, la solicitante también ha desarrollado una importante vertiente tecnológica. En 2010, realizó una estancia en Harvard University (financiada con 4500 €) de tres meses de duración en la que además de trabajar en su tesis doctoral asistió al prestigioso seminario Education and Technology en el que participaron profesores e investigadores de primer nivel de la Harvard University y el MIT. En 2013 realizó una nueva estancia de investigación en la Translation Unit de Imperial College London dirigida por el reconocido investigador Jorge Díaz-Cintas. Durante dicha estancia (financiada con 4000 €) tuvo la oportunidad de participar en la escuela doctoral de Estudios de Traducción fundada por Theo Hermans (TRSS, Translation Research Summer School) en University College London.

La solicitante ha participado en dos proyectos de I+D+i nacionales. El primero, COMINTRAD (2013-2016), dirigido por Ana Medina (24 200 €) se interesaba por el impacto que ejerce la localización de sitios web en la internacionalización de PYMES españolas. En el segundo, dirigido por María Lamuedra y Manuel Á. Vázquez Medel (18 000 €), se comparan las televisiones española y finlandesa a distintos niveles entre el espectro de la producción y la recepción de contenidos, prestando especial interacción a la remediación entre los soportes tradicionales y la televisión por Internet. En este proyecto de I+D+i sobre televisión, la solicitante ha consolidado la experiencia como investigadora del ámbito cualitativo que ya había adquirido durante la realización de su tesis doctoral. En ambos proyectos (tesis e I+D+i), la solicitante ha realizado numerosas entrevistas y ha moderado varios grupos de discusión en lengua española y en lengua inglesa. Asimismo, ha gestionado la organización de entrevistas y la selección de sujetos, y ha realizado las tareas posteriores: transcripción, codificación y análisis del discurso. Por consiguiente, el hecho de que la solicitante ya posee experiencia y un manejo experto de la metodología cualitativa basada en análisis del discurso supone una garantía para el proyecto Poseditana que se basa precisamente en este método.

Asimismo, la solicitante ha participado en numerosos proyectos internacionales entre los que destaca su colaboración en el actual proyecto liderado por el autor del Marco Europeo de Referencia para las Lenguas, Brian North, financiado por el Council of Europe. En dicho proyecto, se explora en qué medida las competencias de traducción, interpretación y mediación participan en el actual marco de niveles de lengua utilizado en Europa. También ha participado un proyecto sobre humanidades digitales en la Universität Hamburg, y en otro proyecto europeo sobre competencias tecnológicas y formación de traductores liderado por la Université de Rennes.

Dentro del ámbito de la investigación con fines docentes, la solicitante ha formado parte de varios proyectos de innovación docente centrados en la tecnología y la formación de traductores. Actualmente, dirige su propio proyecto en el que se explora el impacto del rol de produsuario de Wikipedia en el estudiantado de traducción e interpretación.

La solicitante es autora de más 20 trabajos de investigación de primer nivel (WOK, Scopus, MLA, Fecyt, etc.) que se caracterizan por su interés en la interacción humano-máquina y en cómo la tecnología (Internet, interfaces, software) media en los actuales procesos de traducción. Además de trabajos teóricos, la solicitante ha publicado numerosos trabajos de corte empírico, basados en entrevistas, grupos de discusión y encuestas cuantitativas. Sus investigaciones hasta la fecha (que se pueden consultar en el CV adjunto) se han centrado en el contexto de la traducción profesional. Así, ha publicado trabajos en los que difunde los resultados de una encuesta en la que participaron más de 400 traductores profesionales y en la que se documentan las tecnologías que utilizan en la actualidad en el ámbito profesional. En dichas investigaciones, ha observado que los profesionales utilizan todo tipo de herramientas genéricas y especializadas de la traducción, pero curiosamente la posedición (de traducción automática) no estaba entre las tecnologías más populares entre los traductores, quizá por las reticencias de los profesionales *freelance* que eran los que predominaban en su muestra. Es previsible que en los próximos años se observe un mayor calado de la posedición en el ámbito profesional. Pero, ¿qué sucede en contextos no especializados de la traducción? ¿Cuál es el uso y la percepción de la ciudadanía respecto a la posedición? ¿Qué impacto ejercerá la creciente importancia de la posedición en la ciudadanía?

En la actual propuesta, Poseditana-SOC, la solicitante trata de abordar el impacto de la traducción automática en entornos ajenos a la traducción profesional. La autora ha detectado que existe una importante laguna en las investigaciones que abordan los procesos de interacción entre humanos y traducción automática, que se conocen como *posedición*. Considera, además, que en el actual contexto, mundializado y multilingüe, las comunicaciones están mediadas por la traducción y, más concretamente, por la traducción automática, y que resulta relevante conocer cómo la ciudadanía complementa sus competencias multilingües (o las limitaciones de dichas competencias) mediante procesos de posedición. Es precisamente por esta laguna detectada, que este proyecto de investigación se alinea con los desafíos autonómicos, nacionales y europeos, y resulta de una aplicabilidad evidente a nivel social.

Lucas Nunes Vieira (miembro del equipo) es experto en posedición y en procesamiento automático de lenguaje natural. Además de experiencia profesional en el mundo de la traducción y la edición, el Dr. Nunes posee una sólida formación que combina aspectos lingüísticos y traductológicos con procesos cognitivos que es capaz de analizar con tecnologías propias de las neurociencias como el *eye-tracking*.

Lucas Nunes Vieira es licenciado en Letras por la Universidade Federal Fluminense (Brasil). Obtuvo su Máster en Procesamiento Automático del Lenguaje Natural y Tecnologías Lingüísticas en 2012, dentro del programa Erasmus Mundus financiado mediante concurrencia competitiva por la Comisión Europea (48 000 €). Dicha formación de máster estaba organizada por las universidades Universidade do Algarve (Portugal) y Université de Franche-Comté (France) en las que Lucas Nunes Vieira realizó sendas estancias de un curso académico cada una.

Al igual que la solicitante, Lucas Nunes Vieira asistió a la prestigiosa escuela doctoral Translation Research Summer School) en University College London en 2012.

Posteriormente, obtuvo su título de Doctor por la Newcastle University, nuevamente gracias a una formación financiada (52 000 £) tras superar un proceso competitivo en dicha universidad. Su tesis doctoral llevaba como título *Cognitive effort in post-editing of machine translation: evidence from eye movements, subjective ratings, and think-aloud protocols* y estaba centrada en el esfuerzo cognitivo que deben realizar los traductores al poseditar, es decir, al corregir el contenido que resulta de la traducción automática. En dicha tesis, aplicó tecnologías innovadoras del ámbito de la neurociencia como el *eye-tracking* (seguimiento de movimiento de ojos) para establecer una correlación entre la mirada de los poseditores y el esfuerzo cognitivo que implica la posedición. Asimismo, aplicó en su investigación doctoral aplicó *think aloud protocols* y tuvo que manejar una cantidad importante de datos para triangular resultados de variadas fuentes.

Se puede decir, por tanto, que mientras la solicitante aporta una visión de corte sociológico y tecno-comunicativo, la contribución de Lucas Nunes Vieira incidirá en los aspectos cognitivos de la posedición (métricas de esfuerzo y calidad, dificultades de la posedición, procesos). La experiencia y la trayectoria de ambos investigadores resulta a todas luces complementaria y enriquecedora para este proyecto. Ambos investigadores ya han trabajado de manera conjunta y mantienen una excelente relación profesional. Desde su ya mencionada participación en la TRSS de 2012, ambos investigadores han mantenido el contacto y han estado al corriente de sus avances mutuos en sus respectivas investigaciones. En abril de 2016 la solicitante ha realizado una breve estancia en la University of Bristol invitada por el Dr. Nunes Vieira y ambos investigadores son coautores de un artículo de investigación que se encuentra en proceso de revisión por pares en la prestigiosa publicación *The Translator*.

IV. Plan de trabajo y calendario

Poseditana-SOC tendrá una duración de 24 meses (inicio en agosto 2016 y finalización julio de 2018). Y se organizará conforme al siguiente calendario:

	Ene	Feb	Mar	Abr	May	Jun	Jul	Ago	Sep	Oct	Nov	Dic
2016				Solicita			Concede	Inicio				
									Estado cuestión		Entrevistas España	
2017	Congresos, publicaciones, explotación y difusión de resultados parciales											
	Análisis entrevistas España						Entrevistas UK		Análisis entrevistas UK			
2018							Fin					
	Congresos, publicaciones, explotación y difusión de resultados finales											

Se percibe como conveniente comenzar con la explotación y difusión de resultados tan pronto como sea posible. Con frecuencia, los grandes congresos y las publicaciones importantes se organizan con mucha antelación, por lo que es necesario planificar el envío de abstracts tan pronto como se empiecen a recabar los primeros resultados. A lo largo del 2017 se prevé la asistencia a congresos, la redacción de publicaciones y la explotación y difusión de los resultados parciales, una vez realizadas las entrevistas en España, mientras que en 2018 se hará lo correspondiente con los resultados finales, una vez finalizado y analizado el trabajo de campo también en Reino Unido.

La organización de entrevistas en Reino Unido y en España se hará coincidir con las estancias de los miembros del equipo de investigación para facilitar el trabajo.

La solicitante será responsable de las entrevistas y grupo de discusión en España y Lucas Nunes Vieira lo será del trabajo de campo en Reino Unido. Ambos investigadores trabajarán de manera conjunta en el análisis y la explotación de resultados.

V. Plan de comunicación, difusión y explotación de resultados

Dado que Poseditana-SOC aspira a ejercer un impacto, no solo en el ámbito académico, sino especialmente en la sociedad (jóvenes, PYMES, trabajadores, jubilados) y en su gobernanza (empleados públicos), nuestro plan de comunicación, difusión y explotación de resultados trata de abarcar distintos niveles. Por consiguiente, se contempla lo siguiente:

— 3 artículos/capítulos de libro
— 3 congresos (ej. AESLA, AIETI, EST, IATIS, Media for All, Translating Europe Forum, ATA, Translating and the Computer, Congreso SELM, FIT)
— 1 base de datos en NVIVO
— 1 documento de análisis DAFO de prácticas de posedición por parte de la ciudadanía
— 1 documento de buenas prácticas de posedición para la ciudadanía
— informes para los actores con capacidad de toma de decisiones en las políticas de: multilingüismo, posedición, internacionalización, empleabilidad, gobernanza, tecnologías de la traducción y de la información
— notas de prensa que se distribuirán a través de los gabinetes de comunicación de las respectivas universidades para difundir los resultados a través de periódicos y medios de comunicación.

VI. Presupuesto

Dentro del concepto «Equipamiento científico-técnico inventariable» se contempla una licencia de NVIVO de tipo servidor que permita la colaboración en línea y simultánea de los miembros del equipo de investigación.

En el apartado «Personal investigador – Estancias», se presupuestan hasta 3 estancias de los investigadores para analizar los resultados y trabajar en la difusión y explotación de los mismos.

Como «Gastos de viaje» se contemplan los desplazamientos entre España y Reino Unido de los miembros del grupo de investigación, así como los viajes (en Europa, Estados Unidos y Asia) para asistencia a congresos o difusión de resultados.

En el apartado de «Material fungible» se consignan gastos de impresión y papelería.

Dentro de «Otros gastos» se contemplan, la organización de las entrevistas y grupos de discusión en España y Reino Unido (selección de sujetos, transcripción de entrevistas, codificación, y/o traducción), las tasas de congresos para la difusión de resultados y gastos derivados de publicación o difusión de los mismos (edición, traducción de artículos, informes, etc.)

Concepto	Importe
Equipamiento científico-técnico inventariable	2000
Personal investigador – Estancias de investigadores extranjeros en España o viceversa	10 000
Gastos de viaje	10 000
Material fungible	500
Otros gastos	10 000
Total bruto	**32 500 euros**

Capítulo 5
Proyecto para Estancia Posdoctoral «José Castillejo»
«El Traductor ante los Nuevos Medios»

Convocatoria: Estancias de Movilidad en el Extranjero «José Castillejo» para Jóvenes Doctores 2017
Entidad: Ministerio de Educación, Cultura y Deporte
Modalidad: Modalidad B
Duración: junio-agosto 2018
Financiación: 11 205 €
Centro de destino: University of Bristol
Título: El traductor ante los nuevos medios
Referencia: CAS17/00385
Fecha de concesión: 31/07/2017
Puntuación total ANECA: 7.9
Etapa: Posdoctoral
Categoría profesional en ese momento: Ayudante Doctor

Período solicitado (debe indicar el número de meses de la estancia solicitada): junio 2018 –septiembre 2018 (3 meses)

Memoria del Proyecto de trabajo investigador y/o docente que se propone realizar (La extensión máxima es de 3.000 palabras y ha de cumplimentarse en castellano. Se valorará la concreción en la definición de objetivos, la novedad y relevancia en el campo de investigación y la viabilidad).

I. OBJETIVOS

Exponga, del modo más concreto posible, los objetivos del proyecto a realizar durante la estancia, así como los resultados que se esperan alcanzar.

La solicitante ya conoce las innumerables ventajas (investigadoras, académicas y docentes) que aportan las estancias internacionales en centros de reconocido prestigio, ya que en su fase de investigación predoctoral realizó sendas estancias de tres meses de duración cada una en Harvard University (Estados Unidos) en 2010 y en Imperial College London (Reino Unido) en 2013. Gracias al intenso trabajo desarrollado y a los resultados obtenidos de ambas estancias (plasmados fundamentalmente en artículos de investigación) la solicitante pudo obtener su tesis doctoral en 2014 con mención Internacional (Universidad de Sevilla) y obtener la acreditación como Contratada Doctor en 2016.

A nivel investigador, gracias a la estancia que es ahora objeto de solicitud, la solicitante podrá actualizar sus conocimientos en el ámbito de las tecnologías de la traducción (traducción asistida por ordenador y automática) y de la información (medios de comunicación), ya que, como se expone más abajo, la School of Modern Languages de la University of Bristol es un centro de excelencia investigadora con un extenso portafolios de proyectos de I+D+i en Estudios de Traducción y Medios de Comunicación (ya realizados y en curso) dentro de distintos programas como el prestigioso European Council (Starting y Consolidator Grants), The Leverhulme Trust, ESRC, AHRC, The Wellcome Trust, etc. Se explorará la posibilidad de dar continuidad a los proyectos de I+D+i en los que la solicitante ha participado (uno centrado en localización de sitios web y otro en televisión pública) bajo la forma de proyectos europeos que requieren consorcios internacionales en los que la Universidad Pablo de Olavide y la University of Bristol serían *partners*, no en vano en ambos centros existe masa crítica y equipos de investigación en el ámbito de los medios de comunicación y las tecnologías de la traducción.

De forma más específica, la solicitante ya mantiene una fructífera relación con varios investigadores y docentes de la University of Bristol, en especial, con el Dr. Lucas Nunes Vieira, por lo que uno de los objetivos concretos de la estancia consiste en dar continuidad y regularidad a los proyectos ya existentes e incorporar a nuevos investigadores y docentes de ambas instituciones. De hecho, la solicitante y Lucas Nunes Vieira han solicitado en octubre de 2016 el proyecto «Mental processes in translation editing: towards a seamless integration of human and machine» ante la British Academy (BA/Leverhulme Small Research Grants), con un presupuesto de 7080 libras. De manera adicional, ambos investigadores tienen previsto solicitar un nuevo proyecto sobre posedición de la traducción automática (Mapping Post-Editing Practices) en abril de 2017 ante la AHRC (British Academy y Arts and Humanities Research Council), con un presupuesto aproximado de 60 000 libras. Por último, ambos investigadores han aceptado recientemente la propuesta de la reconocida publicación académica *JoSTrans. The Journal of Specialised Translation* para ser editores de un número especial sobre posedición previsto para 2018.

Por consiguiente, uno de los objetivos específicos de la estancia consiste en llevar a cabo estos proyectos de investigación que se centran en los procesos cognitivos que se ponen en marcha cuando el traductor humano revisa la traducción que generan los traductores automáticos (*post-editing*), un campo de investigación de enorme importancia y creciente auge en la actualidad. Sin duda, esto permitirá a la solicitante adquirir nuevas técnicas y métodos de investigación, ya que el proyecto contempla aplicar experimentación mediante *eye-tracking* (seguimiento de la mirada) y *think-aloud protocols*, ámbitos en el que el Dr. Lucas Nunes Vieira es un reconocido experto. De forma complementaria, la solicitante aportará en ambos proyectos su experiencia en investigación cualitativa (entrevistas y grupos de discusión) y en encuestas cuantitativas, contribuyendo así a la transferencia de conocimientos y técnicas investigadoras entre ambas instituciones. Sin duda, la edición del número especial sobre posedición mejorará la visibilidad de la solicitante y de su universidad de origen en el ámbito de la formación e investigación en Estudios de Traducción.

En el plano docente, tal como se expone en la carta de invitación de la School of Modern Languages, la solicitante se incorporará de pleno en las actividades del Departamento de Estudios de Traducción de la University of Bristol, lo que se puede materializar en la impartición de docencia en programas de grado, máster o doctorado en Lenguas Modernas y Estudios de Traducción. Con experiencia docente desde 2002 y un quinquenio, la solicitante está comprometida con la importancia de mejorar permanentemente la competencia académica y en 2013 obtuvo la concesión de la Mención de Excelencia Docente (2008-2012) en el programa DOCENTIA-A-UPO (93.45/100) por sus buenas prácticas docentes. Ha participado activamente en la implantación de los estudios de Grado y Máster en Traducción e Interpretación dentro del Espacio Europeo de Educación. Por otro lado, la School of Modern Languages destaca por la excelencia docente de sus títulos de grado y posgrado y apuesta decididamente por la virtualización de material docente y por la enseñanza a distancia, materias a las que la solicitante prestará especial atención durante su estancia, lo que redundará en beneficio de la calidad docente de su universidad de origen.

A nivel institucional, uno de los principales objetivos de la estancia es el de consolidar el actual acuerdo Erasmus existente entre la Universidad Pablo de Olavide y la University of Bristol, que en la actualidad contempla la movilidad de personal docente e investigador, personal de administración y servicios, y alumnado. La decisión tomada por la ciudadanía en Reino Unido en torno al conocido como «Brexit» ha planteado una serie de incógnitas en torno al futuro de los acuerdos de movilidad Erasmus con el Reino Unido y por este motivo se hace necesario un mayor seguimiento de los acuerdos existentes. Como se expone más adelante, la solicitante está especialmente comprometida con el programa Erasmus y en la actualidad es tutora Erasmus y gestiona la movilidad del estudiantado de la UPO con varias universidades de Reino Unido. Además, se explorará la posibilidad de ampliar el actual acuerdo y constituir, dentro del marco del programa Erasmus, consorcios con la University of Bristol u otras universidades del Reino Unido para creación de títulos conjuntos bajo la Acción 1 (Joint Programmes including scholarships), la Acción 2

(Partnerships with Third Country Higher Education Institutions and scholarships for mobility) o la Acción 3 (Promotion of European higher education).

II. Novedad y relevancia

Haga referencia explícita a la novedad y relevancia del proyecto dentro de su campo de investigación.

En los Estudios de Traducción existe cierta fragmentación a la hora de abordar el emergente campo de la posedición (revisión humana de traducciones hechas por un traductor automático). Por un lado, desde el ámbito cognitivo, se centran en mediciones cuantitativas del *eye-tracking*, el esfuerzo cognitivo y la distancia de edición (diferencias entre la traducción automática y su revisión humana). Por el otro, desde un punto de vista más sociológico, se pone el énfasis en esta nueva actividad humana y en cómo se realiza o se debe realizar en un contexto real de producción (agencias de traducción, *freelancers*, etc.). Mientras que el Dr. Lucas Nunes Vieira es experto en el primer enfoque, la solicitante ha centrado su investigación en el segundo. La conjunción de ambos puntos de vista, el cognitivo y el sociológico que se materializará gracias a esta estancia en proyectos de investigación y publicaciones conjuntas permitirá una mirada inédita e innovadora a un problema complejo como es el de la interacción traductor (humano) vs. máquina.

III. Plan de trabajo y metodología

Describa el plan de trabajo y la metodología a utilizar, justificando la adecuación de la misma a los objetivos establecidos y a la duración prevista de la estancia.

Como se ha expuesto, los objetivos de esta estancia abordan tres retos diferentes: investigador, docente e institucional.

Para alcanzar los objetivos descritos en el apartado investigador, el plan de trabajo de la solicitante incluirá la ejecución de los dos proyectos (uno ya solicitado y otro previsto) centrados en analizar los procesos de posedición a través de experimentos que incluirán técnicas de *eye-tracking*, *think-aloud* protocolos y entrevistas con los sujetos seleccionados (profesionales del ámbito de la traducción y la posedición). Asimismo, la solicitante trabajará activamente para llevar a buen puerto el número especial de la revista *JoStrans* sobre posedición del que será coeditora junto con Lucas Nunes Vieira (U. Bristol).

En el capítulo docente, gracias a la participación de la solicitante en la universidad de acogida y en todas sus actividades académicas, se producirá una transferencia de metodologías, técnicas y estrategias docentes entre la Universidad Pablo de Olavide y en la University of Bristol. Ambos centros, poseen diversos títulos de grado, máster y doctorado centrados en los Estudios de Traducción. Mientras que la

UPO destaca por lo innovador de incluir asignaturas como localización y nuevas tecnologías de la traducción en sus títulos —la solicitante es coautora de materiales docentes sobre localización—, la University of Bristol destaca por su apuesta en la virtualización de material docente para facilitar el aprendizaje a distancia. Por tanto, el plan de trabajo para alcanzar este objetivo prevé la asistencia a cursos, la impartición de clases, talleres o cursos, y reuniones con los equipos docentes y el personal de gestión y administración de la universidad de acogida.

Para mejorar la relación institucional entre ambos centros, se hace necesaria la coordinación con los profesores encargados de la movilidad Erasmus en la universidad de acogida, pero también con el alumnado, su personal de administración y con la oficina de asuntos internacionales. La consolidación y posible ampliación del acuerdo existente con la University of Bristol —o con otras universidades del Reino Unido con las que la solicitante ya posee vinculación (U. Roehampton, U. Ulster, UCL, Imperial College, Queen University Belfast, U. of Heriot-Watt)— requiere ampliar el mutuo conocimiento entre las instituciones, la comparación de sus planes de estudio y sistemas de gestión, así como la identificación de las sinergias y beneficios recíprocos que propicia el marco Erasmus en todas sus vertientes.

IV. **Razones para elección del centro de destino**

Exponga las razones por las que ha elegido el centro de destino, justificando los siguientes aspectos:

a) *Idoneidad científica y, en su caso, docente del grupo receptor para el desarrollo de su proyecto y el logro de los objetivos*

Fundada en 1876, la University of Bristol es una de las universidades con mayor prestigio del Reino Unido (se encuentra entre las cinco universidades mejor consideradas por el Research Excellence Framework - REF) y de todo el mundo (miembro del Russell Group y del Grupo de Coimbra, ocupa el puesto 41 en el QS Word University Rankings 2016-2017, el 57 del Shanghai Ranking.

La School of Modern Languages de la University of Bristol es un centro de excelencia docente e investigadora, compuesto por 93 investigadores y docentes. En la actualidad imparte nueve grados (Lenguas Modernas, Español, Checo, Francés, Alemán, Italiano, Portugués, Ruso, Liberal Arts), tres programas de máster (Traducción, Traducción Chino-Inglés, y Literaturas comparadas y Culturas) y varios programas de doctorado (Estudios Latinoamericanos, Hispánicos y Portugués, Francés, Alemán, Italiano, Ruso-Checo, y Traducción).

La School of Modern Languages alberga varios clústeres (grupos) de investigación entre los que destacan por su vinculación con esta propuesta los de «Screen Studies» e «Identity-Formation in Political, Historical, Cultural and Linguistic Contexts».

La investigación en la School of Modern Languages es de primer nivel como se pone de manifiesto en el extensísimo portafolios de proyectos de investigación realizados en su seno en las últimas décadas. A modo ilustrativo, podemos mencionar que en la actualidad hay un total de 28 proyectos de investigación activos[2] financiados por instituciones como el European Council (Starting y Consolidator Grants), The Leverhulme Trust, ESRC, AHRC, The Wellcome Trust, etc.

b) *Relación previa y/o expectativas futuras de colaboración entre su grupo de investigación y el grupo de destino*

Seguidamente, se expone la trayectoria que vincula a la solicitante desde el punto de vista investigador y docente con la University of Bristol, así como con otras universidades de Reino Unido.

La carrera investigadora de la solicitante se ha construido en torno a cuatro pilares:

— Tesis doctoral *Traducción y tecnología. Análisis del uso y percepción de Wikipedia por parte de los profesionales de la traducción*. Universidad de Sevilla. Directores: Manuel Ángel Vázquez Medel y Adrián Fuentes Luque. Mención Internacional. Opta a Premio Extraordinario de Doctorado.

— Miembro del grupo de investigación GITTSUS[3] «Teoría y Tecnología y de la Comunicación» HUM 384 dirigido por el Catedrático Dr. Manuel Ángel Vázquez Medel. Universidad de Sevilla.

— Miembro del equipo de investigación del proyecto de I+D+i COMINTRAD: LOCALIZACIÓN DE WEBS CORPORATIVAS Y E-MARKETING MULTILINGÜE PARA FOMENTAR LA INTERNACIONALIZACIÓN DE LAS PYMES ESPAÑOLAS. 2013-2016 (prorrogado a junio 2017). Ref. FFI2013-44550-R. Universidad Pablo de Olvide. IP: Ana Medina Reguera. Cuantía: 23 200€. Proyecto de I+D+i del Programa Estatal de Investigación, Desarrollo e Innovación Orientada a los Retos de la Sociedad.

— Miembro del equipo de investigación del proyecto de I+D+i DINÁMICAS DE RELACIÓN ANTE EL CAMBIO SOCIAL: CONTEXTOS, CONTENIDOS, PRODUCTORES, PÚBLICO Y PRODUSUARIOS EN LAS NOTICIAS DE TVE (España) E YLE (Finlandia). 2013-2016 (prorrogado a junio 2017). Universidad de Sevilla. IP: María Lamuedra y Manuel Ángel Vázquez Medel. Ref. CSO2013-45470-R. Cuantía: 18 000€. Proyecto de I+D+i del Programa Estatal de Investigación, Desarrollo e Innovación Orientada a los Retos de la Sociedad.

---

[2] http://www.bristol.ac.uk/arts/research/projects/
[3] https://investigacion.us.es/sisius/grupo/HUM384

En consecuencia, los ámbitos de investigación y la producción científica de la solicitante se articulan en torno a las tecnologías de la traducción (traducción automática y asistida por ordenador), la localización (traducción de software y sitios web) y los medios de comunicación.

Como se detallará, existe una fructífera relación en el ámbito de la investigación que dura ya más de tres años entre la solicitante y el Dr. Lucas Nunes Vieira (University of Bristol).

— Junio de 2013: Los entonces doctorandos Elisa Alonso y Lucas Nunes Vieira (en la actualidad profesor de la University of Bristol), tras superar un proceso de selección competitivo, son alumnos de la prestigiosa escuela doctoral de Traducción Translation Research Summer School que organiza el Centre for Intercultural Studies de la University College London (UCL) en colaboración con la University of Edinburgh, y el Centre for Translation and Intercultural Studies de la University of Manchester. Ambos doctorandos comparten panel durante la presentación de sus respectivos proyectos de tesis que son validados por el profesor Theo Hermans (UCL) y la profesora Mona Baker (University of Manchester), entre otros. La tesis doctoral de Lucas Nunes Vieira se centra en los procesos de posedición de traducción automática y la de Elisa Alonso en el impacto de las nuevas tecnologías y de Wikipedia en los contextos de traducción profesional.

— Marzo-abril de 2016: La solicitante realiza una estancia de formación Erasmus en la University of Bristol invitada por el Dr. Lucas Nunes Vieira. Esta visita sirve para consolidar el acuerdo Erasmus existente entre ambas instituciones, para mejorar el mutuo conocimiento de los planes y estrategias docentes de ambos centros y para sentar las bases de proyectos de investigación conjuntos que se solicitarían los meses posteriores (British Academy y Arts and Humnities Research Council), centrados en las nuevas tecnologías de la traducción y la posedición (tal como se expone más adelante).

— Julio de 2016: Lucas Nunes Vieira es invitado por la solicitante para impartir una serie de conferencias sobre posedición en la Universidad Pablo de Olavide[4].

— Agosto de 2016: La solicitante realiza una nueva estancia de investigación en la University of Bristol cuyos resultados se han materializado en un artículo de investigación en coautoría con Lucas Nunes Vieira que ya ha sido aceptado por la revista *JoSTrans* (una publicación de la University of Roehampton) y el acuerdo con esta misma publicación para que ambos

---

[4] https://www.upo.es/diario/institucional/2016/07/hoy-en-la-upo-conferencia-sobre-la-situacion-actual-y-futura-de-la-post-edicion-en-el-campo-de-la-traduccion/

investigadores sean los editores de un número especial sobre posedición en julio de 2018:

- Alonso Jiménez, Elisa y Vifira, Lucas Nunes, «Translator's Amanuensis 2020», *JoSTrans: The Journal of Specialised Translation*, 28 (2017), pp. 345-361.
- Vieira, Lucas Nunes, Alonso Jiménez, Elisa y Bywood, Lindsay (eds.), *Post-Editing in Practice: Process, Product and Networks* (Special Issue), *JoSTrans: The Journal of Specialised Translation*, 31 (2019).

— Septiembre de 2016: Lucas Nunes Vieira y la solicitante presentan una comunicación en el prestigioso congreso de la European Society of Translation (EST) celebrado de la Universidad de Aarhus (Dinamarca) y presentan los resultados de su estudio piloto «Mapping Post-Editing Practices: Pilot Study»

— Octubre de 2016: Lucas Nunes Vieira (Applicant) solicita en colaboración con Elisa Alonso (Co-Applicant) el proyecto «Mental processes in translation editing: towards a seamless integration of human and machine». Entidad financiadora: British Academy (BA/Leverhulme Small Research Grants). Presupuesto: 7080 libras. Estado: Pendiente de resolución.

— Noviembre de 2016: La solicitante y Lucas Nunes Vieira presentan una comunicación en el VI Congreso de la Sociedad Española de Lenguas Modernas (SELM) bajo el título «Prácticas actuales de post-editing profesional).

En la actualidad, Lucas Nunes Vieira y Elisa Alonso trabajan de manera conjunta para solicitar un nuevo proyecto sobre posedición de traducción automática en abril de 2017, esta vez ante la AHRC (British Academy y Arts and Humnities Research Council), con un presupuesto aproximado de 60 000 libras.

Ambos investigadores van a realizar una propuesta para organizar un panel sobre posedición en el prestigioso congreso IATIS 2018 que tendrá lugar en Hong Kong.

La profesora de la University of Bristol Dra. Xiaochun Zhang, en colaboración con Lucas Nunes Vieira y Elisa Alonso, van a solicitar un proyecto para realizar actividades de *networking* para impulsar la investigación sobre el impacto de la tecnología en el contenido multimedia (películas, videojuegos, etc.) y en la localización.

En el ámbito de la docencia, se da la circunstancia de que las asignaturas que imparten tanto la solicitante como los dos profesores mencionados de la University of Bristol (Lucas Nunes Vieira y Xiaochun Zhang), en grado y en posgrado, es muy similar y se centra sobre todo en nuevas tecnologías, traducción asistida por ordenador y localización. Conocer las prácticas de otros docentes y participar en la medida de lo posible en la vida académica de la Facultad siempre resulta enriquecedor. Por tanto, durante la estancia se incidirá sobre futuras vías de colaboración también en este ámbito que contribuirán a la consolidación del actual acuerdo Erasmus existente entre ambas instituciones.

En la Universidad Pablo de Olavide, la solicitante ha participado en la implantación del Grado en Traducción e Interpretación y ha liderado el diseño de guías y materiales docentes para las asignaturas de Informática Aplicada a la Traducción y Traducción de Software y Páginas Web en Grado, así como para los módulos de Nuevas Tecnologías Aplicadas a la Traducción e Interpretación y Localización de software y sitios web, gestión y calidad del Máster en Comunicación Intercultural, Traducción e Interpretación de la UPO. La excelencia docente de la solicitante fue reconocida en 2013 con la concesión de la Mención de Excelencia Docente (2008-2012) en el programa DOCENTIA-A-UPO (93.45/100).

Además, la solicitante es Tutora Erasmus de la Facultad de Humanidades de la UPO desde el año 2012 y está a cargo de varios acuerdos con universidades de Reino Unido como University of Roehampton, Heriot-Watt University, Ulster University y Queen's University Belfast.

Dado el especial compromiso de la solicitante con el programa Erasmus, durante la estancia se trabajará en la posibilidad de suscribir acuerdos adicionales dentro de este programa, como consorcios con la University of Bristol u otras universidades del Reino Unido para creación programas conjuntos bajo la Acción 1 (Joint Programmes including scholarships), la Acción 2 (Partnerships with Third Country Higher Education Institutions and scholarships for mobility) o la Acción 3 (Promotion of European higher education).

Como se ha mencionado, la solicitante posee estrechos vínculos con otras universidades de Reino Unido que también se verán reforzados gracias la estancia que se solicita:

— En abril de 2015, la solicitante realizó una estancia de formación Erasmus en la University of Roehampton.
— De mayo a septiembre de 2013, la solicitante realizó una estancia predoctoral de investigación en el Centre for Translation Studies (CenTraS) de Imperial College London (puesto 9 del QS Word University Rankings 2016-2017), financiada mediante proceso competitivo por las Estancias de Excelencia de la Junta de Andalucía y el Plan Propio de la UPO con 4200€. En aquel momento, el prestigioso grupo de investigación CenTraS liderado por el Dr. Jorge Díaz Cintas estaba adscrito a Imperial College London. En otoño de 2013 CenTraS y todo su personal docente e investigador se trasladó a University College London (puesto 7 del QS Word University Rankings 2016-2017), por lo que en la actualidad la solicitante mantiene excelentes relaciones también con UCL, en especial con el director del grupo CenTraS Dr. Jorge Díaz-Cintas y con la Dra. Rocío Baños Piñero.

Capítulo 6
Proyecto para Línea de Plan Propio «InterMática (Traducción Automática para la Internacionalización)»

Convocatoria: V Plan Propio de Investigación de la Universidad Pablo de Olavide. 2018
Entidad: Vicerrectorado de Investigación. Universidad Pablo de Olavide
Modalidad: Ayudas al desarrollo de líneas de investigación propias
Duración: 2 años
Financiación: No concedida
Título: InterMática (Traducción Automática para la Internacionalización)
Referencia: No consta
Fecha de concesión: No concedida
Etapa: Posdoctoral
Categoría profesional en ese momento: Ayudante Doctor (acreditada a Contratado Doctor)

MEMORIA CIENTÍFICO-TÉCNICA

I. INTRODUCCIÓN Y CONTEXTUALIZACIÓN

Las TIC y la economía digital, sobre todo cuando incorporan la dimensión multilingüe e internacional, se encuentran en el epicentro de las prioridades a nivel regional, nacional y europeo por tratarse de instrumentos esenciales para el desarrollo de todas las demás prioridades (RIS3 Andalucía 2015: 123). En el actual contexto digital y globalizado, tanto la industria y las PYMES, como la ciudadanía y los organismos públicos se encuentran inmersos en un constante y creciente flujo de información multilingüe que deben saber gestionar. Para superar las barreras lingüísticas, se apuesta por la formación en lenguas y se recurre con frecuencia a los servicios de traducción e interpretación profesionales. No obstante, no siempre las personas tienen las competencias lingüísticas necesarias para comunicarse en otras lenguas y, por otro lado, existe un enorme caudal de información para traducir y una creciente necesidad de que la comunicación en otras lenguas sea inmediata y ubicua, por lo que no siempre puede mediar un traductor o intérprete humano. Se da además la circunstancia de que gran parte de las comunicaciones tienen lugar a través de Internet en entornos virtuales y digitales. Por este motivo, la traducción automática constituye en la actualidad una forma de desarrollo científico y tecnológico que resulta decisiva para que la industria y las PYMES puedan contribuir a un aumento del progreso económico, para que la ciudadanía pueda alcanzar mayores cotas de bienestar y para que las instituciones puedan llegar a todos los individuos, independientemente de cuál sea su lengua.

Nuestra propuesta se centra en analizar y potenciar la aplicación de traducción automática en distintos ámbitos de la sociedad como parte integradora de la actual estrategia digital, en especial, en su papel facilitador del desarrollo de PYMES innovadoras y generadoras de empleo (Dimensión 3 de RIS3 Andalucía), Proyección exterior (Dimensión 4), Internacionalización de la empresa (RIS3 Andalucía 2015: 169) y la empleabilidad y la movilidad internacional.

Como es sabido, más del 98% del tejido empresarial europeo está formado por pequeñas y medianas empresas (PYME), por lo que se hace necesario el diseño de propuestas para garantizar su internacionalización y promover la incorporación de al menos el 40% de ellas al mercado digital (RIS3 Andalucía 2015: 175). Asimismo, se aspira a conseguir que el 85% de la población haya incorporado el uso habitual de Internet en su vida personal y profesional (175). Son todos ellos objetivos en los que la aplicación de la traducción automática a través de Internet ejerce un rol decisivo.

Entendemos que la línea de trabajo que aspiramos a desarrollar incide en las siguientes medidas de la Estrategia Industrial de Andalucía 2020 relacionadas con el PAIDI (RIS3 Andalucía 2015: 92-93):

— EJE 3 Comercio, territorio, ecología y cultura
  • 3.1 Apoyo a proyectos de I+D+I empresariales
  • 3.2 Nuevas empresa de base tecnológica
  • 3.3 Emprendedores innovadores
  • 3.7 Apoyo a la participación en convocatorias internacionales
  • 3.8 Protección de la propiedad Industrial e Intelectual
  • 3.9 Transferencia de tecnología
— EJE 7: Trabajar en red
  • 7.3 Profundizar en la participación en redes
  • 7.4 Reforzar la oferta de servicios avanzados a la industria
  • 7.5 Apoyo a la maduración de proyectos empresariales
  • 7.6 Sistemas de Información y sensibilización para la innovación

En el ámbito económico y de la empresa, según datos recientes, algunas de las barreras que encuentran las PYME europeas a la hora de internacionalizarse y exportar son de índole lingüística y se deben al hecho de no contar con personal con suficientes competencias en lenguas extranjeras (European Commission 2015:

66, 89; proyecto COMINTRAD de Medina Reguera (2013). En la misma línea, de acuerdo con los resultados de una encuesta llevada a cabo entre ejecutivos de todo el mundo, las empresas son conscientes de la necesidad de contar con empleados con competencias multilingües y, en consecuencia, esta es una cualidad de enorme peso en los procesos de selección de personal (*The Economist* 2012). Esta percepción es compartida también entre los ciudadanos europeos, quienes opinan que existe una correlación entre las competencias multilingües y la empleabilidad (European Commission 2012). En estos dos ámbitos (internacionalización de las PYMES y empleabilidad internacional) puede ejercer gran influencia la traducción automática.

Dentro de la Agenda Digital para España, en el *Plan de Impulso de la Tecnologías del Lenguaje* (Gobierno de España 2015: 11) se revisa la situación actual del sector de las tecnologías del lenguaje basándose en distintos informes (DG Translation 2014, META-NET) y se concluye que, en Europa, el mercado de la comunicación humano-máquina crecerá de 8000 M € en 2015 a 15 000 M € en 2020; y que el mercado de la traducción automática y procesamiento textual independiente de lenguaje crecerá de 12 000 M € en 2015 a 30 000 M € en 2020.

De manera adicional, cuestiones fundamentales de este proyecto como la importancia de la comunicación multilingüe, la necesidad de internacionalización de empresas y el acceso a las herramientas digitales se contemplan también en otros planes de la Agenda Digital:

— Plan de TIC en PYME y comercio electrónico
— Plan de internacionalización de empresas tecnológicas
— Plan de inclusión digital y empleabilidad

Dado el carácter multilingüístico y multicultural de Europa, nuestra propuesta también está en sintonía con las líneas de trabajo que se proponen desde el Horizonte 2020. A nivel europeo, el multilingüismo es un asunto de primer orden y existen a grandes rasgos dos políticas: proteger la diversidad lingüística de Europa y promocionar el aprendizaje de lenguas (European Union, S.f.). Los datos de la encuesta del Eurobarómetro sobre los europeos y sus lenguas revelaron que los europeos tienen actitudes muy positivas respeto al multilingüismo (European Commission 2012: 141), pero también que existen limitaciones (142):

— Aunque el 54% de los europeos pueden mantener una conversación en al menos una lengua extranjera, no existen indicios de un aumento del multilingüismo.
— Solo el 25% de los europeos puede hablar dos lenguas extranjeras y solo uno de cada diez (10%) puede conversar en tres lenguas.
— Ha aumentado (ligeramente) el número de europeos que afirman que no pueden hablar ninguna lengua extranjera).

Podemos afirmar por lo tanto, que al igual que existe una brecha digital que afecta a las personas de mayor edad y a aquellas que se encuentran en umbrales de pobreza y exclusión social, también existe una brecha lingüística que resulta limitante para muchos ciudadanos europeos, y que la traducción automática se perfila como un puente para salvaguardar dicha brecha.

En el Horizonte 2020, como se indica en el Work Programme Information and Communication Technologies (European Commision 2018-2020: 6), las tecnologías digitales son las que sustentan la innovación y la competitividad en los sectores público y privado. En el mismo documento se señala que el Internet de la próxima generación (ICT-29-2018) será multilingüe e inclusivo, y que los avances en las tecnologías de la lengua ayudarán a eliminar las barreras de la lengua (European Commission 2018: 50).

II. DESCRIPCIÓN DE LA LÍNEA DE INVESTIGACIÓN

Los procesos de globalización a los que hemos asistido en las últimas décadas han tenido como consecuencia un aumento de la necesidad de traducir contenido y un mayor flujo de comunicaciones multilingües (Common Sense Advisory 2015). De manera paralela, los avances producidos en el ámbito de la traducción automática desde mediados del siglo XX se han acrecentado de manera vertiginosa en la última década (Chan 2015). Desde entonces, el desarrollo de esta tecnología ha estado sujeto a un movimiento pendular, ya que, cada cierto tiempo, cuando parecía atisbarse que la traducción automática de calidad estaba cerca gracias a una determinada innovación, la complejidad de las lenguas —en tanto que productos culturales— se volvía a imponer y dejaba claro que los resultados de la traducción automática nunca podrían asemejarse a los de la traducción humana.

En la actualidad, existen numerosas voces que anuncian que, *ahora sí*, la traducción automática funciona: en The Washington Post[1] se afirmaba que *Google Translate se está volviendo muy muy preciso*, mientras que en The Wall Street Journal[2] se proclamaba que *la barrera lingüística está a punto de caer*. Desde la Translation Automation User Society (TAUS) se apuesta por que la plena traducción automática de calidad (HQMT, *high quality machine translation*) se convierta en un servicio de bajo coste y de fácil acceso para la ciudadanía, algo parecido a lo que ocurre en la actualidad con el agua corriente o la electricidad (en inglés, este tipo de servicios se conoce como *utility*). Por otro lado, cada cierto tiempo, la prensa se hace eco de sonoras meteduras de pata achacables a la traducción automática, como cuando el Centro Botín aparecía traducido en la web de turismo de Santander como el Centro del Saqueo (*Loot Center*)[3].

---

[1] https://www.washingtonpost.com/news/innovations/wp/2016/10/03/google-translate-is-getting-really-really-accurate/?utm_term=.4f69cfb91dc7

[2] https://www.wsj.com/articles/the-language-barrier-is-about-to-fall-1454077968

[3] http://www.lasexta.com/noticias/sociedad/chapucera-traduccion-web-turismo-santander-centro-botin-centro-saqueo_201801185a6079df0cf20b6d7551eff8.html

Entonces, ¿qué debemos pensar? ¿Se debe o no se debe utilizar traducción automática? La respuesta sería, depende… Depende de numerosas variables, entre otras:

— Entre qué pares de lenguas se está traduciendo (cuanto mayor sea el corpus existente de ambas lenguas, mejores serán los resultados)
— Qué tipo de texto o discurso se está traduciendo (¿es un texto técnico o es una campaña publicitaria llena de metáforas?)
— Dónde aparecerá la traducción y su nivel de visibilidad (¿en un manual de uso o en la página inicial de un sitio web corporativo?)
— Qué tecnología sustenta al traductor automático (traducción automática, estadística, basada en frases, neuronal, etc.)
— Qué tipo de traductor automático se está utilizando (gratis, de pago, genérico, específico, entrenado)
— Qué tipo de validación, revisión o posedición se realiza sobre el borrador que proporciona la traducción automática.

A día de hoy, la ciudadanía puede acceder a servicios de traducción automática de manera instantánea, ubicua y gratuita (Comisión Europea 2014: 40). Por ello, más allá del enfoque prescriptivo en el que nos preguntamos *si se debe o no* utilizar traducción automática, la evidencia es que como ciudadanos de un entorno multilingüe y digital, la gran mayoría de nosotros probablemente lo hacemos. Es una tendencia que ha explorado la autora de esta solicitud en su tesis doctoral (Alonso 2014 a) y en distintos trabajos cualitativos (entrevistas y grupos de discusión) y cuantitativos, sobre todo entre traductores profesionales y estudiantado de Traducción e Interpretación (Alonso y Calvo 2014; Alonso 2014 a, b: Alonso y de la Cova 2014; Alonso 2015 a, b; Alonso y de la Cova 2016; Alonso y Vieira 2017; Alonso, Bríales y Filsinger 2018; Alonso y Vieira 2018; Vieira, Alonso y Bywood 2019). En estos trabajos la solicitante ha investigado la interacción traductor humano-máquina y ha concluido que existe una estrecha vinculación entre ambos. El traductor recurre con enorme frecuencia a todo tipo de recursos lingüísticos, terminológicos y de traducción automática disponibles en Internet, aun cuando posee una sólida formación multilingüe. Si esto sucede entre traductores y estudiantes de traducción, probablemente habrá una mayor incidencia en otro tipo de perfiles profesionales, personal de empresas de variado tamaño y ciudadanos en general.

En el ámbito de las PYMES sucedería algo parecido a la luz de los resultados de proyecto de I+D+i CominTRAD (2013-2016) en el que ha participado la solicitante. Liderado por Ana Medina Reguera (UPO), en este proyecto se exploraba el papel de la localización de sitios web para la internacionalización de PYMES. Tras realizar una consultoría a la totalidad de empresas exportadoras inscritas en EXTENDA (unas 2000 empresas) se han observado distintas prácticas de localización de sitios web, así como variadas estrategias en el uso de traducción automática. Estos datos sin duda animan a seguir investigando en esta línea para tratar de dar respuesta, entre otros, a las siguientes cuestiones y objetivos:

— ¿Cómo incorporan las PYME la traducción automática en su estrategia de internacionalización?
— ¿En qué medida la utilizan para sus comunicaciones?
— ¿Cómo se integra la traducción automática en la localización de sitios web?
— ¿Qué papel desempeña el traductor humano en el proceso?
— ¿Existe un proceso de revisión o posedición de la traducción automática por parte de un traductor humano?

Una cuestión importante en la que se centrarán nuestros trabajos es que la mayoría de los usuarios desconoce que el uso de traductores automáticos disponibles gratuitamente en Internet puede suponer un problema de seguridad notable, poner en riesgo su *know–how* o incumplir acuerdos de confidencialidad, porque toda aquella información que se teclea o consulta en los mismos pasa a manos de la empresa propietaria del servicio de traducción automática y de terceros.

Lo cierto es que el actual estado de desarrollo de la traducción automática —al menos para las grandes lenguas— ofrece resultados bastante buenos (Chan 2015), pero en textos de gran visibilidad o importancia sigue siendo necesario un proceso de posedición, para que un humano mejore, edite o valide la propuesta inicial del traductor automático (Declercq 2015: 485). En la actualidad, la posedición es un servicio en auge dentro de las agencias o empresas proveedoras de servicios lingüísticos (*language service providers*, LSP) (European Commission 2017). La posedición se considera como: «a process of improving through modification (rather than revision) a machine-generated translation, often eyeing a minimum of effort on behalf of the post-editor» (Declercq 2015: 485).

En un afán por describir y estandarizar esta actividad emergente, existen dos propuestas: a) las guías para la posedición de TAUS post-editing guidelines[4] y b) la norma ISO 18587 'Translation services -- Post-editing of machine translation output – Requirements'[5], ya que según los datos de la encuesta realizada por la Comisión Europea, la implantación de la traducción automática en los proveedores de servicios lingüísticos en Europa es una realidad (European Commissión 2017)

[4] https://www.taus.net/academy/best-practices/postedit-best-practices/machine-translation-post-editing-guidelines
[5] https://www.iso.org/standard/62970.html

III. Plan de trabajo y difusión

El plan de trabajo que contemplamos pretende dar continuidad a la investigación sobre traducción automática y posedición que venimos realizando, sobre todo con el investigador de la University of Bristol, Lucas Nunes Vieira, desde hace dos años y que a día de hoy nos permite contar con más de 30 entrevistas realizadas a profesionales de la traducción a nivel internacional, cuyos resultados están pendientes de publicación.

Sería deseo de la solicitante emplear el incentivo de la línea propia para involucrar a compañeros (personal docente e investigador de distintos departamentos de la UPO) en esta línea de investigación y sentar las bases de un equipo de trabajo estable y quizá de un grupo de investigación transdisciplinar.

Con la nueva línea de investigación, aspiramos a ampliar el foco de atención, centrándonos en una muestra de individuos no expertos en lenguas ni en traducción, sino con perfil de PYMES o ciudadanía en general.

A través de la herramienta en línea Prolific[6] realizaremos una encuesta de amplio espectro de carácter cuantitativo entre ciudadanos y PYMES para conocer el impacto, el uso y la percepción de la traducción automática en sus estrategias de comunicación (correo electrónico, conversaciones presenciales o virtuales, sitios web, CV, información corporativa, etc.).

Como continuación de los trabajos realizados en el I+D+i COMINTRAD, se realizará una consultoría centrada en conocer de qué manera integran las PYME la traducción automática en sus sitios web, para posteriormente diseñar junto con los principales actores del sector una guía de buenas prácticas.

Nuestra línea de investigación aspira a tener una fuerte componente de transferencia tecnológica e involucrar a:

— Empresas proveedoras de servicios de traducción automática (SDL Trados, Google, Systrans, Smartling, entre otras)
— PYMES de distintos sectores
— Cámaras de Comercio y EOI
— Profesionales, empresas y asociaciones de la traducción y la interpretación
— Nuestro plan de difusión contempla los siguientes resultados:
— 2 artículos/capítulos de libro
— 1 libro
— 3 congresos (ej. AESLA, AIETI, EST, IATIS, Media for All, Translating Europe Forum, ATA, Translating and the Computer, Congreso SELM, FIT)
— 1 base de datos

---

[6] https://prolific.ac/researchers

— 1 análisis DAFO de prácticas de implementación de traducción automática entre PYMES
— 1 documento de buenas prácticas de traducción automática para la ciudadanía
— informes para los actores con capacidad de toma de decisiones en las políticas de: multilingüismo, traducción automática, internacionalización, empleabilidad, gobernanza, tecnologías de la traducción y de la información, formación de traductores e intérpretes y asociaciones profesionales

Presupuesto	
Encuesta (Prolific)	2000
Edición de libro	3000
Viajes y estancias	1000
Traducciones	500
Asistencia a congresos	1000
Total	**7500 €**

Capítulo 7
Proyecto de Innovación Docente para Concurso de Acceso a Plazas de Cuerpos Docentes Universitarios «Wikipedia, Traducción y Género en la Era Postpandemia»

Plaza: Profesor Titular de Universidad
Número: DF000546
Departamento: Filología y Traducción
Área: Traducción e Interpretación
Universidad: Pablo de Olavide
Resolución: Resolución de 11 de febrero de 2022, de la Universidad Pablo de Olavide, por la que se convoca Concurso de Acceso a Plazas de Cuerpos Docentes Universitarios.
BOE Núm. 50, de 28 de febrero de 2022, páginas 23459 a 23478.

I. CONTEXTUALIZACIÓN

Innovar no es solo hacer cosas distintas sino hacer cosas mejores. Y mantener los cambios hasta tanto se haya podido consolidar la nueva cultura que los cambios (cuando son cambios y no meros sucedáneos) conllevan necesariamente (Zabalza 2003).

Encontramos especialmente inspiradora e ilustrativa esta reflexión de Zabalza en torno a la innovación docente. Desde su punto de vista, la innovación actúa como motor de cambios de paradigmas y promueve el cambio –ojalá que el avance– del estado de la cuestión. Es tan poderosa su acción que la innovación en nuestro ámbito da lugar a un cambio en la cultura académica y en las dinámicas de enseñanza-aprendizaje.

Como este mismo autor pone de manifiesto, innovar en ciencia se ha convertido en una «exigencia institucional sometida a muchas presiones y no pocas contradicciones» (idem) y la innovación docente no es una excepción. No obstante, más allá de estas consideraciones sí creemos firmemente en la innovación docente.

Los profesores son la pieza fundamental (junto con el estudiantado) de la estructura didáctica en el proceso de enseñanza-aprendizaje. Se suele hacer referencia a factores académicos y personales del profesorado (bien formados, satisfechos, motivadores, etc.), demográficos (sexo, edad), a su *background* formativo o profesional o a sus condiciones laborales como factores de impacto en los procesos de formación-aprendizaje (Zabalza 2007). Algunos de estos elementos son inamovibles, pero en otros existe margen de mejora, por ejemplo a través de la formación continua y la innovación docente, que pueden modificar la mentalidad del profesorado, la existencia de referentes y ejemplos de buenas prácticas y las propias estrategias de formación e innovación.

Para contribuir a este objetivo, a la plena consolidación de las premisas del EEES, y en cumplimiento del *Plan Estratégico de la Universidad Pablo de Olavide 2018-2020*[1], el Vicerrectorado de Profesorado, en colaboración con el Vicerrectorado de Tecnologías de la Información e Innovación Digital y con el Vicerrectorado de Planificación Docente, y a través de la Dirección General de Formación e Innovación Docente, dispone de un *Plan de Innovación y Desarrollo Docente* que se desarrolla a través de las convocatorias de proyectos de Innovación y Desarrollo Docente. Los principales objetivos del citado plan son, entre otros:

a. Introducir y facilitar los mecanismos de coordinación de la actividad docente dentro de cada una de las nuevas titulaciones de Grado.

b. Apoyar al profesorado en sus iniciativas de aplicar metodologías innovadoras en una docencia enfocada a la formación en competencias, así como de nuevos sistemas para su evaluación.

c. Fomentar el diseño y la aplicación de materiales docentes con soporte digital.

d. Fomentar el diseño y la aplicación de asignaturas de docencia virtual.

e. Fomentar la docencia bilingüe, permitiendo la implantación de grupos dedicados a ellas, elaborando materiales específicos y mejorando la formación del profesorado encargado de su docencia.

f. Dar a conocer a la comunidad universitaria los resultados de las experiencias.

g. Elaborar un manual de buenas prácticas docentes.

Para la consecución de dichos objetivos el *Plan de Innovación y Desarrollo Docente*[2] de la UPO establece líneas prioritarias de actuación, que se recogen en las siguientes modalidades:

---

[1] Plan Estratégico de la Universidad Pablo de Olavide 2018-2020. https://www.upo.es/transparencia/tema/plan-estrategico/plan-estrategico-2020/

[2] Plan de Innovación y Desarrollo Docente. https://www.upo.es/formacion-innovacion-docente/plan-innovacion-desarrollo-docente/

Acción 1. Proyectos destinados a articular la coordinación en la actividad docente para los títulos de Grado y de dobles títulos de Grado.

Acción 2. Proyectos destinados al diseño y aplicación de nuevas metodologías docentes y evaluadoras, prioritariamente enfocadas a la formación en competencias.

Acción 3. Diseño y aplicación de materiales docentes con soporte digital.

Acción 4. Virtualización de asignaturas.

Acción 5. Fomento de la docencia bilingüe.

Acción 6. Jornadas de innovación docente.

A nuestro entender, la acción que ejerce un impacto más directo e inmediato en la calidad y en la práctica docente es la Acción 2 de proyectos destinados al diseño y aplicación de nuevas metodologías docentes y evaluadoras, prioritariamente enfocadas a la formación en competencias. El objetivo principal de esta acción de innovación es el diseño de nuevas metodologías docentes y/o evaluadoras para mejorar la formación en competencias y ponerlas en práctica durante el curso vigente.

Estos proyectos se llevan a cabo en equipos docentes de un máximo de 5 profesores que impartan docencia en cualquier titulación de Grado o Postgrado de la Universidad Pablo de Olavide. El Proyecto presentado podrá afectar a una o más asignaturas. Como peculiaridad, la convocatoria 2021-2022, debido al efecto de la pandemia, requería metodologías docentes y evaluadoras que se pudieran desarrollar mediante docencia virtual.

Entre los objetivos generales para la calidad del Departamento de Filología y Traducción de la Universidad Pablo de Olavide, se encuentra el impulso de la innovación docente, con especial interés en la metodología, la evaluación y el uso de las nuevas tecnologías. La innovación docente se encuentra además en el listado de servicios a los que se compromete la Facultad de Humanidades con respecto a todos sus grados. Esta orientación del Departamento y de la Facultad hacia la innovación docente está en consonancia con la importancia que posee la innovación docente para la calidad de la docencia universitaria.

Entre los proyectos de innovación realizados en los dos últimos en el seno la Facultad de Humanidades en el marco de la acción 2 con implicación en el grado de Traducción e Interpretación se encuentran los siguientes:

— La retraducción como herramienta de validación en proyectos de transcreación (TeCreaTe-R) (Dra. Marián Morón Martín).

— El empleo de la traducción automática y la posedición como estrategias de desarrollo de la capacidad temática e instrumental profesional en la traducción especializada (Dra. Carmen Álvarez García).

— Traducción al español y corrección lingüística de titulares de prensa árabe (Dra. María Crego Gómez).

— La competencia intercultural a través de la autoevaluación utilizando TICS para asignaturas de Traducción e Interpretación de lengua inglesa (Dr. Alberto Egea Fernández-Montesinos).

— Transcreación y Traducción creativa: nuevos roles, procesos y sistemas de Traducción para el marketing digital (TeCreaTe) (Translation in e-creative digital environments) (Dra. Marián Morón Martín).

— La incentivación de la creatividad en traducción (ICRETRA): cómo evitar la no naturalización (Dra. Nuria Ponce Márquez).

— Proyecto de traducción real para contextos sociales: Centro de Acogida de Refugiados de Sevilla (Dra. Hannan Saleh Hussein).

— Trabajo multidisciplinar sobre la Violencia de Género y las Mujeres en Andalucía: Áreas de Derecho Público y Traducción e Interpretación (Dra. Clementina Persaud)

— La integración de la Traducción Automática en clase de Traducción Especializada (alemán-español): posibilidades y limitaciones de los motores de Traducción Automática disponibles en red y su empleo efectivo en la docencia de la Traducción (Dr. Juan Miguel Cuartero)

— Sistematización del análisis de problemas de traducción (ProblemTrad 2): dinámicas avanzadas para el trabajo autónomo en contextos virtuales (Dra. Elena de la Cova)

— Adaptación de las asignaturas Cultura y Sociedades C-I y C-II (Inglés) a la docencia virtual en el grado en TEI: herramientas TIC y eXelearning para desarrollar las competencias intercultural y digita (Dr. Alberto Egea)

— Enseñanza de lenguas con dispositivos móviles: propuesta metodológica para Lengua Inglesa B3 y B4 (Dra. Lucía Fernández)

— Programa de radio alemán en RadiOlavide como nueva metodología de aprendizaje interactivo y de práctica temprana de lenguas extranjeras y de técnicas de interpretación para el fomento de competencias necesarias para la carrera de Traducción e Interpretación (Olga Koreneva)

— La implementación de la aplicación móvil Cronotrad en el aula de traducción (Dra. Nuria Ponce)

— El procedimiento penal con sujeto alófono como catalizador de la formación en competencias específicas y transversales de traductores, intérpretes y juristas (Dr. Francisco Vigier)

— Diseño de briefs de transcreación: el proceso de trabajo desde el otro lado (EtaerCeT, ECT.) (Dra. Marián Morón)

— Alemán como lengua extranjera y metacognición: Estrategias de aprendizaje autónomo y práctica reflexiva. (Dra. Valentina Vivaldi)

La propia candidata posee amplia experiencia en este tipo de proyectos y ha participado intensamente como equipo docente en los siguientes proyectos liderados por profesorado del Departamento de Filología y Traducción.

— Desarrollo de la competencia instrumental mediante la aplicación del lenguaje HTML en la clase de traducción especializada (Dra. Nuria Ponce Márquez)
— Movirtlei II: La formación en competencias por y para la movilidad en el Aula de Traducción. 2013-2014. (Dra. Marián Morón)
— Acciones docentes para la movilidad virtual competente en Traducción e Interpretación. 2014-2015. (Dra. Marián Morón)
— Revisión y gestión del trabajo en equipos «multi-TEI»: técnicas y tecnologías en la formación en Traducción. (Dra. Marián Morón)
— La metodología de corpus como herramienta innovadora en la docencia y en el ejercicio profesional de la traducción inversa (Dr. Francisco Javier Vigier Moreno)
— ProblemTRAD: Nueva metodología para el análisis de problemas de traducción y la mejora de competencias en el aula de traducción. 2019-2020. (Dra. Elena de la Cova)

No obstante, la principal aportación de la candidata en el marco de la Acción 2 ha implicado la aplicación de Wikipedia en distintas metodologías docentes para la formación de traductores e intérpretes desarrollada en cuatro proyectos de innovación docente de la Acción 2 liderados por ella. Ha sido Wikipedia –un recurso en torno al cual versaba la tesis doctoral de la candidata– el eje que ha vertebrado los proyectos de innovación docente promovidos por la candidata. De estos antecedentes se dará cuenta en el Proyecto de Innovación Docente que se presenta a continuación. Se trata de una propuesta que, por su enfoque, temática y competencias, encaja a la perfección en la asignatura Traducción de software y páginas web del Grado en Traducción e Interpretación de la UPO. Es más, en el cronograma de la asignatura, se contempla la aplicación de este proyecto de innovación docente en las semanas 12, 13, 14 de la asignatura. No obstante, su enfoque interdisciplinar permite —y de hecho ha permitido en ediciones anteriores— su aplicación en otras asignaturas de traducción general, instrumentales o de traducción especializada del grado.

La propuesta de proyecto de innovación docente que sigue se ha estructurado siguiendo las indicaciones y secciones contempladas en la Convocatoria de la Acción 2: Proyectos destinados al diseño y aplicación de las nuevas tecnologías docentes y evaluadores, prioritariamente enfocadas a la formación en competencias 2021/2022 de la Universidad Pablo de Olavide.

II. Título del proyecto

Wikipedia, traducción y género en la era postpandemia

III. Introducción justificativa

Este proyecto tiene como objetivo mejorar la competencia traductora, documental y digital (Kelly 2002; Göpferich 2009) del estudiantado de los Grados en Traducción e Interpretación (TEI) y Doble Grado en Humanidades y Traducción e Interpretación (HTEI) a través de acciones que implican tanto el análisis como la realización de proyectos que vinculan Wikipedia, la traducción y el género con distintos aspectos (sociales, económicos, políticos, médicos) de la era postpandemia.

De manera más concreta, se propone un proyecto de innovación docente basado en una propuesta de aprendizaje situado e invertido o *flipped-learning* (Kiraly 2000), en el que el estudiantado liderará un proceso orientado al análisis de los sesgos de género, así como a la creación y la traducción de contenido en Wikipedia sobre mujeres que han liderado la batalla contra la pandemia de la COVID-19.

Este proyecto tiene como antecedentes otros cuatro proyectos anteriores (Acción 2) dirigidos por la misma solicitante:

— Medios, traducción y Wikipedia frente a la Covid19. Una perspectiva de género. 2020-2021.
— Mujeres del flamenco en Wikipedia: competencia traductora y digital para la difusión multilingüe del patrimonio y la diversidad cultural. 2016-2017.
— Acción participativa en el aula de traducción: Wikipedia multilingüe para mujeres destacadas. 2016-2017.
— Formación de traductores y desarrollo de contenido multingüe en Wikipedia sobre «Mujeres y Ciencia». 2015-2016

En todos estos proyectos se alcanzaron los objetivos de innovación docente previstos, que se organizaron en torno a actividades de creación y traducción de contenidos, así como análisis centrados en la brecha de género existente en Wikipedia.

Como es sabido, Wikipedia es una enciclopedia libre, colaborativa, multilingüe y una de las herramientas de información más utilizadas tanto por público general, como por estudiantes y profesionales que necesitan una primera aproximación documental para solventar lagunas de conocimiento, lingüísticas o culturales (Alonso 2015b; Briales, Filsinger y Alonso 2018).

Se ha demostrado además el importante papel que puede desempeñar Wikipedia como canal y medio de divulgación del conocimiento científico-técnico, ya que si bien entre sus mejores artículos (buenos y destacados) abundan los dedicados a letras y ciencias sociales, los más consultados y populares son los científicos y técnicos (Fernández et al 2021).

La aparición de Wikipedia a principios del siglo xxi supuso una revolución del modelo enciclopédico europeo que databa del siglo xviii, ya que, por primera vez, la elaboración de contenidos no era exclusiva de los expertos y su carácter colaborativo permitía, *de facto*, que cualquier persona pudiera contribuir. Para tratar de paliar uno de los talones de Aquiles de este proyecto —su fiabilidad— existen una serie de recomendaciones y filtros de edición, así como jerarquías dentro de la comunidad de editores de Wikipedia (Alonso y Robinson, 2016).

A pesar de que sigue teniendo detractores, Wikipedia es en la actualidad un sistema cultural que atesora un repositorio de conocimiento —una faceta de gran valor para la traducción—, así como una red de relaciones humanas (Alonso, 2015a). En palabras de Claes y Tramullas 2021, Wikipedia se está configurando como «una memoria colectiva del siglo xxi».

Con el desarrollo de la enciclopedia y, al ser esta un reflejo de la sociedad, se han ido identificando una serie de brechas de género en Wikipedia. Existe abundante literatura que documenta estos sesgos en lo que respecta a la cobertura temática, la profundidad de los artículos, el porcentaje de editoras vs. editores, las connotaciones semánticas, las fuentes empleadas, etc. (Lam et al 2011; Graells-Garrido et al 2015; Bolukbasi et al 2016; Jemielniak 2016, Bear y Collier 2016; Shane-Simpson y Gillespie-Lynch 2017; Díaz et al 2020).

Con la llegada de la pandemia de la COVID-19 se ha puesto de manifiesto en numerosos ámbitos que queda mucho camino que recorrer en lo que respecta a la visibilidad de las mujeres en la sociedad, en los medios y en Wikipedia.

A pesar del mayor protagonismo que han cobrado en los medios de comunicación los investigadores que lideran la lucha contra el coronavirus, distintos trabajos inciden en que han sido mayoritariamente «ellos» los consultados y los visibilizados.

En una carta suscrita por mujeres científicas involucradas en la lucha contra el COVID-19 en mayo de 2020. «Women in science are battling both Covid-19 and the patriarchy»[3], ya se atisbaban las consecuencias negativas de la pandemia para las investigadoras, sus carreras y su visibilidad. Ellas mismas alegaban: «the scientific response to Covid-19 has been characterised by an extraordinary level of sexism and racism». Eran conscientes ya entonces de que los medios no estaban mostrando su trabajo debidamente y defendían la importante labor de asesoramiento que realizaban con los políticos:

> Women are advising policymakers, designing clinical trials, coordinating field studies and leading data collection and analysis, but you would never know it from the media coverage of the pandemic.

---

[3] https://www.timeshighereducation.com/blog/women-science-are-battling-both-covid-19-and-patriarchy#survey-answer

En el informe elaborado por la Fundación Bill y Melinda Gates, *The Missing Perspectives of Women in COVID-19 News*[4] (Kassova 2020), se ha analizado en qué medida se presentaba a las mujeres como expertas y protagonistas en las noticias sobre la pandemia en los medios de comunicación de India, Estados Unidos, Kenia, Nigeria y Suráfrica. Los resultados han sido claros y demoledores: el análisis de citas en medios de comunicación mostró que, en comparación con las mujeres, los hombres eran citados tres veces más en Reino Unido, cuatro veces más en Kenia y EE.UU. y cinco en Suráfrica, Nigeria e India. Cuando las mujeres aparecían como protagonistas de noticias no eran representadas como expertas autorizadas, sino como fuentes de información personal o como víctimas afectadas por la enfermedad.

En el informe se vinculan estos datos con una serie de factores:

a. La exclusión de las mujeres en la toma de decisiones en la pandemia de la COVID-19. La presencia de varones en los comités de gestión de la pandemia era la siguiente:

— 100% en Reino Unido
— 93% en Estados Unidos
— 92% en Nigeria
— 86% en India
— 80% en Kenia
— 50% en Suráfrica

Como consecuencia de lo anterior, en los artículos más leídos sobre COVID-19 en estos países, solo el 19% de los expertos citados eran mujeres, frente el 77% que eran hombres.

b. Cultura patriarcal de las redacciones. La existencia de sesgos de género en las noticias sobre COVID-19 se esgrime que se debe en parte a la cultura patriarcal que rige en las redacciones de los medios, incluso cuando las mujeres son mayoría.

c. Enfoque político de la pandemia cubierto por redactores (hombres políticos). Otro motivo sería que son los periodistas expertos en política (mayoritariamente hombres) los que están cubriendo las noticias sobre la pandemia, en lugar de los redactores de temas de salud.

d. Metáforas bélicas de la pandemia. Otras cuestiones como la vinculación de la pandemia con metáforas belicistas también estarían reduciendo el espacio mediático para la mujer.

---

[4] https://www.iwmf.org/women-in-covid19-news/?sf129156272=1

A la vista de estos datos, con este proyecto de innovación docente se aspira a consolidar los resultados de los cuatro proyectos de innovación anteriores y, partiendo del objetivo central de la mejora de la competencia traductora y digital, centrarnos en este caso en la creación de contenido y en la traducción de biografías de mujeres que han liderado la lucha contra la pandemia de la COVID-19.

A lo largo de la historia, la traducción ha sido fundamental para la comunicación científica y el avance del conocimiento, así como para la construcción de los sistemas culturales. En una situación como la actual, un proyecto como este puede contribuir a contrarrestar la narrativa patriarcal de las personas que han liderado la lucha por la vida, la libertad, la cultura y la justicia durante la pandemia. En proyectos como el que se presenta, en el que el estudiantado lidera el proceso de aprendizaje, se produce un fenómeno de empoderamiento, de despertar a la edad adulta y de toma de conciencia de su importante papel como traductores en la sociedad.

IV. Objetivos

— Mejorar la competencia traductora del estudiantado de traducción.
— Mejorar la competencia digital y tecnológica, en general, y la competencia en Wikipedia, en particular, del estudiantado y del profesorado de traducción. Se incidirá en todas sus ventajas como recurso de ayuda para la traducción y la empleabilidad de traductores, y en cómo reducir los riesgos derivados de sus problemas de fiabilidad.
— Analizar los aspectos comunicativos traductológicos del binomio mujer-COVID-19.
— Aprender a identificar los sesgos de género en la información y en Wikipedia.
— Contribuir a la visibilidad de las mujeres que ha liderado la lucha contra la pandemia de la COVID-19 en Wikipedia y en la sociedad.
— Contribuir a la formación de traductores mediante proyectos vinculados a varias asignaturas.
— Favorecer la transversalidad de la tecnología y los medios en la formación de traductores.
— Fomentar el liderazgo del estudiantado como protagonistas e impulsores de sus procesos de aprendizaje.
— Contribuir a la empleabilidad del estudiantado mediante la construcción de un portafolios de traducciones en Wikipedia.
— Contribuir a la integración del estudiantado internacional o con diversidad funcional en la UPO.

V. Metodología y actividades que se van a desarrollar

En línea con los proyectos mencionados como antecedentes de esta propuesta, se seguirá una metodología constructivista social, orientada al estudiantado, organizada en proyectos y estructurada mediante tareas. Se fomentará un aprendizaje de tipo situado e invertido, lo que en términos prácticos significará que el estudiantado liderará el proceso y que se trabajará en un contexto real (comunidad de editores y traductores de Wikipedia). El estudiantado asumirá distintos roles en las actividades en grupo y participará en la evaluación de artículos reales de Wikipedia, así como en el contenido editado y/o traducido por ellos mismos o sus compañeros.

FASE 0. *Preparación y puesta en marcha del proyecto.*

Este proyecto puede considerarse en cierta medida la quinta edición de un enfoque docente basado en Wikipedia y la cuestión de género para la mejora de la competencia traductora. Por este motivo, el equipo docente ya cuenta con numerosos materiales docentes, cuestionarios de evaluación, instrucciones para actividades, rúbricas, etc. No obstante, existe una fase cero del proyecto en la que el equipo docente se reúne, se organiza, planifica las actividades en el cronograma de sus asignaturas, se organizan talleres de Wikipedia para los nuevos miembros del equipo docente, etc.

FASE 1. *Diagnóstico y evaluación inicial.*

Para poder determinar cuál es punto de partida en lo que respecta a la competencia traductora y digital del estudiantado, el profesorado de cada asignatura implicada en el proyecto realizará un diagnóstico inicial que consistirá en la actividad que se describe a continuación.

Actividad 1. *Diagnóstico inicial de la competencia digital y traductora*

a) Lee el siguiente texto:

Duncanson, Chrisite *et al.*, «How COVID is widening the academic gender divide. *The Conversation*», 2020. https://theconversation.com/how-covid-is-widening-the-academic-gender-divide-146007 [29-07-2024]

b) Resume las principales ideas en lengua inglesa (3-4 frases):

> —
>
> —
>
> —

c) Traduce tu resumen a lengua española:

d) Edita el siguiente artículo de Wikipedia o al menos señala de qué manera incorporarías la información traducida en el mismo:

Pandemia de COVID-19. Wikipedia. https://es.wikipedia.org/wiki/Pandemia_de_COVID-19

Actividad 2. *Percepción inicial del estudiantado respecto a Wikipedia (fiabilidad, facilidad de uso, utilidad) y cuestiones de género*

Asimismo, en esta fase, se distribuye entre el estudiantado participante en el proyecto una encuesta para determinar la percepción inicial de Wikipedia y la cuestión de género diseñada por el equipo docente.

Perceptions of Wikipedia and Gender – Preliminary Assessment

PERSONAL DATA

1. Please indicate your gender:

— Male
— Female
— Non-binary
— Other

2. Please indicate your age

— 18-21
— 22-25
— 26-30
— 31-35
— 36-40
— 41-45
— Over 45

3. Please indicate your nationality:

— Spanish
— Other

4. Please indicate your foreign languages:
— French
— English
— Spanish
— German
— Italian
— Arab
— Other

INITIAL PERCEPTION OF WIKIPEDIA

5. How useful do you find Wikipedia when translating?
— Very useful
— Useful
— Moderately useful
— Useless

6. How reliable do you think Wikipedia is as a resource?
— Very reliable
— Reliable
— Moderately reliable
— Unreliable

7. How easy do you think Wikipedia is to use?
— Very easy to use
— Easy to use
— Moderately easy to use
— Very difficult to use

GENDER

8. To what extent do you agree with the importance of representing gender and sex considerations in Wikipedia.
— Agree
— Neither agree nor disagree
— Disagree

9. To what extent do you agree with the importance of representing female's contribution in the fight against the COVID-19 pandemic.
— Agree
— Neither agree nor disagree
— Disagree

Tabla 2. Encuesta de percepción inicial sobre Wikipedia y género (Elaboración propia)

FASE 2. *Acciones formativas centradas en Wikipedia.*

Actividad 3. *Presentación del proyecto de innovación docente*

El profesorado de cada asignatura implicada realiza una presentación del proyecto de innovación docente que contiene los siguientes puntos:

— Objetivos
— Materiales
— Fundamentos de Wikipedia
— Introducción a los procesos de edición en Wikipedia

El estudiantado se familiariza con Wikipedia, crea una cuenta y experimenta en la zona de pruebas de Wikipedia (*sandbox*).

Actividad 4. *Auditoría de la cuestión de género en la información en general y en los artículos de Wikipedia en particular. Presentación de resultados ante la clase.*

El estudiantado, en grupos, realiza una auditoría de género a un artículo de Wikipedia de su elección, a través de instrumento diseñado por el equipo docente en el proyecto de innovación docente del curso 2020-2021 que se encuentra alojado en Google Drive.

Gender Audit of Wikipedia Articles
In order to fill out this questionnaire, please, indicate the article that you will be auditing:

Dedicated section to gender considerations in the Wikipedia article in English
DEDICATED SECTION. Is there a dedicated section in the Wikipedia article about gender/sex considerations?

— Yes
— No
   I don't know

DEDICATED SECTION- CASE. If the previous answer was positive, please copy and paste the dedicated section to gender considerations that you have found in the article:

DEDICATED SECTION - OPINION. If the previous answer was positive, in your opinion, does the dedicated section offer NEGATIVE connotations of female, transgenderism or homosexuality.

— Agree
— Undecided
— Disagree

Body of the article

BODY OF THE ARTICLE. How many mentions to gender considerations are there in the body of the article (including footnotes)? You could look for the following words: mujer, female, trans, sex, sexo, género, gender, etc.

— 0
— 1-5
— 6-10
— More than 10

BODY OF THE ARTICLE- CASES. If the previous answer was positive, please copy and paste the exact mentions about gender considerations that you have found in the body of the article (including footnotes):

BODY OF THE ARTICLE - OPINION. If the previous answer was positive, in your opinion, does the body of the article offer NEGATIVE connotations of female, transgenderism or homosexuality.

— Agree
— Undecided
— Disagree

Charts and pictures

CHARTS AND PICTURES. How many mentions to gender considerations are there in the charts and pictures of the article? You could look for the following images or words about: mujer, female, sex, trans, sexo, género, gender, etc.

Not applicable. The article does not contain charts or pictures.

— 0
— 1-5
— 6-10
— More than 10

CHARTS AND PICTURES - CASES. If the previous answer was positive, please describe or copy and paste the exact mentions about gender considerations that you have found in the charts and pictures of the article:

CHARTS AND PICTURES - OPINION. If the previous answer was positive, in your opinion, do the charts and pictures of the article offer NEGATIVE connotations of female, transgenderism or homosexuality.

— Agree
— Undecided
— Disagree

Tables

TABLES. How many tables contain gender-segregated data?

Not applicable. The article does not contain any table.
— 0
— 1-5
— 6-10
— More than 10

TABLES. If the previous answer was positive, please describe or copy and paste the titles of the tables that contain gender-segregated data:

TABLES - OPINION. If the previous answer was positive, in your opinion, do the gender-segregated tables offer NEGATIVE connotations of female, transgenderism or homosexuality.
Agree
Undecided
Disagree

Videos

VIDEOS. How many mentions to gender considerations are there in the videos of the article?
— Not applicable. The article does not contain charts or pictures.
— 0
— 1-5
— 6-10
— More than 10.

VIDEOS - CASES. If the previous answer was positive, please describe the gender considerations that you have found in the videos of the article:

VIDEOS - OPINION. If the previous answer was positive, in your opinion, do the videos of the article offer NEGATIVE connotations of female, transgenderism or homosexuality.
— Agree
— Undecided
— Disagree

Bibliographical references

BIBLIOGRAPHICAL REFERENCES. How many mentions to gender considerations are there in the bibliographical references the article? You could look for the following words: mujer, female, sex, trans, sexo, género, gender, etc.
— 0
— 1-5
— 6-10
— More than 10.

BIBLIOGRAPHICAL REFERENCES - CASES. If the previous answer was positive, please copy and paste the exact mentions about gender considerations that you have found in the bibliographical references of the article:

BIBLIOGRAPHICAL REFERENCES - OPINION. If the previous answer was positive, in your opinion, do the bibliographical references of the article offer NEGATIVE connotations of female, transgenderism or homosexuality.
— Agree
— Undecided
— Disagree

CITATION STYLE. Regarding the bibliographical references section, how often does the citation style allow the reader to know that the author is a male or a female? This question refers to the abbreviation of the authors' names, ex. Doudier, Barbara (2019) or Doudier, B. (2019)
Always. The names of the authors appear in full (not abbreviated) in all the references.
Usually. The names of the authors appear in full (not abbreviated) in most of the references.
About half of the time. The names of the authors appear in full (not abbreviated) in approximately half of the references.
Seldom. The names of the authors appear in full (not abbreviated) in few references.
Never. The names of the authors never appear in full (not abbreviated) in the references.

Language
LANGUAGE. How often is the language used in the article inclusive?
Always
Usually
About half of the time
Seldom
Never

LANGUAGE. Please copy and paste examples of inclusive language if any:

Tabla 3. Cuestionario para la realización de una auditoría de género en artículos de Wikipedia (Velasco y Alonso 2021)

Actividad 5. *Elaboración del «Proyecto de edición y traducción de artículos de Wikipedia sobre mujeres lideresas en la pandemia de COVID-19».*

El profesorado presenta el documento con instrucciones para la realización del «Proyecto de edición y traducción de artículos de Wikipedia sobre mujeres lideresas en la pandemia de COVID-19». Se trata de un documento diseñado por el equipo docente con indicaciones detalladas para el estudiantado sobre cómo abordar la edición y la traducción de artículos en Wikipedia. Se les encarga realizar en grupo las siguientes tareas:

— Organizarse en grupos (tratando de mantener equilibrio de género e incorporando al menos un estudiante internacional).
— Seleccionar al menos una candidata y elaborar un dosier documental sobre la misma a partir de fuentes fiables (en español y en inglés).
— Sintetizar la principal información biográfica de la candidata.
— Editar y traducir el artículo de Wikipedia de la candidata (en español y en inglés).
— Documentar el proceso de documentación, de edición y de traducción.
— Reflexionar de manera crítica sobre las actividades y el proyecto.

Actividad 6. *Presentación por parte del estudiantado de su «Proyecto de edición y traducción de artículos de Wikipedia sobre mujeres lideresas en la pandemia de COVID-19». Evaluación colaborativa.*

FASE 3. *Evaluación final del proyecto.*

Actividad 7. *Percepción final del estudiantado respecto a Wikipedia, competencia traductora y cuestiones de género.*

FINAL ASSESMENT: WIKIPEDIA, TRANSLATION SKILLS, AND GENDER

PERSONAL DATA

10. Please indicate your gender:
— Male
— Female
— Non-binary
— Other

11. Please indicate your age
— 18-21
— 22-25
— 26-30
— 31-35
— 36-40
— 41-45
— Over 45

---

12. Please indicate your nationality:
— Spanish
— Other

13. Please indicate your foreign languages:
— French
— English
— Spanish
— German
— Italian
— Arab
— Other

WIKIPEDIA FINAL PERCEPTION

14. Wikipedia usefulness. My opinion about the usefulness of Wikipedia when translating has improved.
— Agree
— Neither agree nor disagree
— Disagree

15. Wikipedia reliability. My opinion about the reliability of Wikipedia when translating has improved.
Agree
Neither agree nor disagree
Disagree
16. Wikipedia ease of use. My opinion about the ease of use of Wikipedia when translating has improved.
Agree
Neither agree nor disagree
Disagree

SKILL IMPROVMENT

17. Skills improvement. My participation in this innovation research project has helped me

improve my translation skills:
Agree
Undecided
Disagree

OVERSALL SATISACTION

18. Overall satisfaction. After taking part in this innovation research project, to what extent

do you feel satisfied:
Highly satisfied
Satisfied
Neutral
Dissatisfied
Highly dissatisfied

GENDER

19. My opinion about the importance of representing gender and sex considerations in media and in Wikipedia has improved.

— Agree
— Neither agree nor disagree
— Disagree

20. Gender-Covid-19. My opinion about the importance of representing gender and sex considerations in COVID-19 content has improved.

— Agree
— Neither agree nor disagree
— Disagree

19. Personal opinion

Tabla 4. . Encuesta de percepción final sobre Wikipedia, género y competencia traductora (Elaboración propia)

VI. EVALUACIÓN

Instrumento para la evaluación de las traducciones:

Para evaluar las traducciones se empleará el modelo para la identificación y la clasificación de errores de traducción DQF-MQM, por ser un instrumento estándar de la industria de la traducción.

High-level error type	Granular error type	Definition
Accuracy		The target text does not accurately reflect the source text, allowing for any differences authorized by specifications.
	Addition	The target text includes text not present in the source.
	Omission	Content is missing from the translation that is present in the source.
	Mistranslation	The target content does not accurately represent the source content.
	Over-translation	The target text is more specific than the source text.
	Under-translation	The target text is less specific than the source text.
	Untranslated text	Content that should have been translated has been left untranslated.
	Improper exact TM match	A translation is provided as an exact match from a translation memory (TM) system but is actually incorrect.

Fluency		Issues related to the form or content of a text, irrespective as to whether it is a translation or not.
	Punctuation	is used incorrectly (for the locale or style).
	Spelling	Issues related to spelling of words.
	Grammar	Issues related to the grammar or syntax of the text, other than spelling and orthography.
	Grammatical register	The content uses the wrong grammatical register, such as using informal pronouns or verb forms when their formal counterparts are required.
	Inconsistency	The text shows internal inconsistency.
	Link/cross-reference	Links are inconsistent in the text.
	Character encoding	Characters are garbled due to incorrect application of an encoding.
Terminology		A term (domain-specific word) is translated with a term other than the one expected for the domain or otherwise specified.
	Inconsistent with termbase	A term is used inconsistently with a specified termbase.
	Inconsistent use of terminology	Terminology is used in an inconsistent manner within the text.
Style		The text has stylistic problems.
	Awkward	A text is written with an awkward style.
	Company style	The text violates company/organization-specific style guidelines.
	Inconsistent style	Style is inconsistent within a text.
	Third-party style	The text violates a third-party style guide.
	Unidiomatic	The content is grammatical, but not idiomatic.

Design		There is a problem relating to design aspects (vs. linguistic aspects) of the content.
	Length	There is a significant discrepancy between the source and the target text lengths.
	Local formatting	Issues related to local formatting (rather than to overall layout concerns).
	Markup	Issues related to *markup* (codes used to represent structure or formatting of text, also known as *tags*).
	Missing tekst	Existing text is missing in the final laid-out version.
	Truncation/text expansion	Truncation-text-expansion.
Locale convention		The text does not adhere to locale-specific mechanical conventions and violates requirements for the presentation of content in the target locale.
	Address format	Content uses the wrong format for addresses.
	Date format	A text uses a date format inappropriate for its locale.
	Currency format	Content uses the wrong format for currency.
	Measurement format	A text uses a measurement format inappropriate for its locale.
	Shortcut key	A translated software product uses shortcuts that do not conform to locale expectations or that make no sense for the locale.
	Telephone format	Content uses the wrong form for telephone numbers.
Verity		The text makes statements that contradict the world of the text.
	Culture-specific reference	Content inappropriately uses a culture-specific reference that will not be understandable to the intended audience.
Other		Any other issues.

Tabla 4. Rubrica de errores DQF-MQM de TAUS.

Instrumento para la evaluación de los proyectos de edición y traducción:

A la hora de evaluar la presentación de los proyectos por parte del estudiantado se empleará el Baremo para la evaluación de actividades de traducción.

9-10	Capta todos los matices de la pregunta y responde con originalidad y claridad tanto de ideas como de estructura y expresión. Domina los conceptos. Maneja con soltura el registro propio del ensayo académico. Los ejemplos y las referencias bibliográficas son pertinentes y están presentados correctamente
7-8	Demuestra haber captado el alcance general de la pregunta y responde con bastante acierto y claridad de argumentación. Su dominio de los conceptos es amplio, aunque no completo. A veces no es coherente en el uso de las convenciones del género. Utiliza bastantes ejemplos y referencias bibliográficas, aunque no siempre cita sus fuentes adecuadamente.
5-6	Parece haber entendido el alcance general de la pregunta y la respuesta es adecuada, aunque un tanto limitada. A veces la argumentación es confusa. Se perciben algunas lagunas en su dominio del tema. Su uso de las normas que caracterizan el ensayo académico no es siempre correcto. Cita algunos ejemplos y/o referencias bibliográficas, aunque no siempre de forma apropiada. Hay algunos «lapsus» de ortografía y/o puntuación que no afectan a la comprensión del trabajo, pero sí le restan calidad.
3-4	No ha demostrado haber entendido el alcance global de la pregunta. La respuesta es inadecuada y a veces confusa. Demuestra ignorancia en aspectos importantes del tema. Demuestra una falta de conocimiento del género. Apenas utiliza ejemplos y/o referencias bibliográficas. Tampoco son siempre acertados los que utiliza. Existen errores frecuentes de ortografía y/o puntuación.
1-2	No ha entendido la pregunta. No demuestra conocimiento de los conceptos más elementales del tema. No conoce el género de texto. No utiliza ejemplos ni referencias bibliográficas. El texto está plagado de errores lingüístico-técnicos.

Tabla 5. Baremo para la evaluación de actividades de traducción (Robinson 1998: 584)

Instrumento para la evaluación de la competencia digital y tecnológica:

Para las evaluaciones de la competencia digital del estudiantado se empleará el Digital Competence Framework 2.0 (DigComp 2.0) (Vuorikari et al 2016).

1) **Information and data literacy**: To articulate information needs, to locate and retrieve digital data, information and content. To judge the relevance of the source and its content. To store, manage, and organise digital data, information and content.
2) **Communication and collaboration**: To interact, communicate and collaborate through digital technologies while being aware of cultural and generational diversity. To participate in society through public and private digital services and participatory citizenship. To manage one's digital identity and reputation.
3) **Digital content creation**: To create and edit digital content. To improve and integrate information and content into an existing body of knowledge while understanding how copyright and licences are to be applied. To know how to give understandable instructions for a computer system.
4) **Safety**: To protect devices, content, personal data and privacy in digital environments. To protect physical and psychological health, and to be aware of digital technologies for social well-being and social inclusion. To be aware of the environmental impact of digital technologies and their use.
5) **Problem solving:** To identify needs and problems, and to resolve conceptual problems and problem situations in digital environments. To use digital tools to innovate processes and products. To keep up-to-date with the digital evolution.

Tabla 6. Digital Competence Framework 2.0 (DigComp 2.0) (Vuorikari et al 2016)

Las tareas de evaluación corresponderán en exclusiva al profesorado para las siguientes actividades e instrumentos:

— Actividad 1. Diagnóstico inicial de la competencia digital y traductora
— Actividad 2. Percepción inicial del estudiantado respecto a Wikipedia (fiabilidad, facilidad de uso, utilidad) y cuestiones de género
— Actividad 7. Percepción final del estudiantado respecto a Wikipedia, competencia traductora y cuestiones de género.

Se realizará evaluación colaborativa (profesorado, compañeros y autoevaluación) en los siguientes casos:

— Actividad 4. Auditoría de la cuestión de género en la información en general y en los artículos de Wikipedia en particular. Presentación de resultados ante la clase.
— Actividad 5 y 6. Elaboración y presentación del «Proyecto de edición y traducción de artículos de Wikipedia sobre mujeres lideresas en la pandemia de COVID-19».

VII. **PROYECCIÓN**

La competencia y digital (incluida la competencia en Wikipedia) adquirida por el estudiantado tiene una proyección clara en el resto de las asignaturas de los grados y dobles grados de TEI.

La mejora de la competencia traductora que se alcanza mediante la realización del proyecto de edición y traducción en Wikipedia contribuye al andamiaje del proceso de aprendizaje en TEI. Se trata de una mejora competencial en la que se incluye el aspecto tecnológico. Se rompe de esta forma con una concepción desfasada del aprendizaje a modo de islas de conocimiento. Las contribuciones del estudiantado a Wikipedia estarán visibles para futuros empleadores y pueden constituir un inmejorable portafolio de sus capacidades.

El cuestionario diseñado para auditar la cuestión de género en los artículos de Wikipedia es un instrumento de gran proyección que puede ser empleado dentro del aula y fuera de la misma. Se trata por tanto de un resultado de investigación orientado tanto a la formación como a la transferencia de conocimiento.

Del proyecto derivan otros beneficios adicionales. Tener la capacidad para juzgar la fiabilidad de una fuente y citarla debidamente cuando se mencionan sus resultados en un trabajo académico resulta fundamental en la formación de los egresados. La toma de conciencia respecto a la importancia de la visibilización de la mujer y de la cuestión del género es sin duda un activo de primera magnitud para el estudiantado.

Las anteriores ediciones de este proyecto de innovación docente se han difundido a través de distintas vías. Se indican a continuación a título ilustrativo del compromiso del equipo docente con este aspecto los resultados de investigación de proyecto en su edición 2020-2021:

— Briales, Isabel y Elisa Alonso (2021) «The perception of Wikipedia among students and professionals. The impact of editing and translation its content in the classroom». Symposium Translation and Knowledge. New trends in the theory and practice of translation and interpreting. Universidad de Córdoba. 18-19 de noviembre 2021.

— Caballero, Héctor y Elisa Alonso (2021) «Wikipedia como recurso para la formación de traductores». Ponencia en Congreso INNTED 2021. II Cong greso Internacional de Innovación y Tendencias Educativas. 15-16 de julio de 2021.

— Caballero, H. y Alonso, E. (2021). Vitaminas para la competencia traductora. Edición multilingüe en Wikipedia sobre COVID-19. *Innovación e investigación educativa en lenguas extranjeras: perspectivas teóricas y aplicadas en didáctica, lingüística y literatura. II Congreso Internacional de Innovación y Tendencias Educativas.* Dykinson, 1-24.

— Velasco Montiel, Carmen y Elisa Alonso (2021) Formación de traductoras con conciencia de género desde un proyecto sobre COVID-19 y Wikipedia. *Intersecciones del género en educación: un encuentro interdisciplinar. II Congreso Internacional de Innovación y Tendencias Educativas.* Dykinson, 1-24.

VIII. **TEMPORALIZACIÓN Y CRONOGRAMA**

El proyecto de innovación docente se programa para un curso académico. No obstante, las asignaturas implicadas duran un semestre. Cada profesor adapta a su planificación docente, las intervenciones y las actividades. En líneas generales se señalan a continuación las fases del proyecto.

FASE 0. *Preparación y puesta en marcha del proyecto.*

— Preparación del proyecto
— Planificación del proyecto en cada asignatura
— Diseño o actualización de materiales o instrumentos de evaluación
— Talleres de Wikipedia para el profesorado

FASE 1. *Diagnóstico y evaluación inicial.*

— Actividad 1. Diagnóstico inicial de la competencia digital y traductora. Evaluación por parte del profesorado.
— Actividad 2. Percepción inicial del estudiantado respecto a Wikipedia (fiabilidad, facilidad de uso, utilidad) y cuestiones de género. Evaluación por parte del profesorado.

FASE 2. *Acciones formativas centradas en Wikipedia.*

— Actividad 3. Presentación del proyecto de innovación docente
— Actividad 4. Auditoría de la cuestión de género en la información en general y en los artículos de Wikipedia en particular. Presentación de resultados ante la clase. Evaluación colaborativa.
— Actividad 5. Elaboración del «Proyecto de edición y traducción de artículos de Wikipedia sobre mujeres lideresas en la pandemia de COVID-19».
— Actividad 6. Presentación por parte del estudiantado de su «Proyecto de edición y traducción de artículos de Wikipedia sobre mujeres lideresas en la pandemia de COVID-19». Evaluación colaborativa.

FASE 3. *Evaluación final del proyecto.*

— Actividad 7. Percepción final del estudiantado respecto a Wikipedia, competencia traductora y cuestiones de género. Evaluación por parte del profesorado.

IX. FLEXIBILIDAD

Debemos señalar que este equipo realizará todas las sesiones, los talleres y las actividades de clase de manera presencial siempre que lo permitan las autoridades sanitarias. No obstante, si no fuera posible, debemos mencionar que contamos con una larga experiencia ya en la plataforma Blackboard Collaborate para la virtualización de la docencia. En cualquier caso, tenemos la certeza de que el proyecto podrá desarrollarse tanto mediante docencia presencial como virtual.

En las Adendas y guías docentes específicas de cada asignatura se contemplan las posibles adaptaciones sobrevenidas por la pandemia.

Capítulo 8
Proyecto para Estancia Posdoctoral Senior y Fulbright «TITANIA». Traducción automática neuronal (TAN) y otras formas de inteligencia artificial (IA) en la producción y traducción de noticias y sitios web»

Convocatoria: Estancias de Movilidad de Personal Docente y/o Investigador Senior «Salvador de Madariaga» en Centros Extranjeros. 2023
Entidad: Ministerio de Universidades y Fundación Fulbright
Modalidad: Modalidad A
Duración: enero-junio 2023
Financiación: 19.256,00 €
Centro de destino: Rutgers University (Estados Unidos)
Título: TITANIA. Traducción automática neuronal (TAN) y otras formas de inteligencia artificial (IA) en la producción y traducción de noticias y sitios web
Referencia: PRX22/00505
Fecha de concesión: 30/08/2023
Puntuación total ANECA: 80.05
Etapa: posdoctoral
Categoría profesional en ese momento: Titular de Universidad

Memoria del Proyecto de trabajo investigador y/o docente que se propone realizar (La extensión máxima es de 3.000 palabras y ha de cumplimentarse en castellano. Se valorará la concreción en la definición de objetivos, la novedad y relevancia en el campo de investigación y la viabilidad).

I. Objetivos

Expone, del modo más concreto posible, los objetivos del proyecto a realizar durante la estancia, así como los resultados que esperan alanzar.

El objetivo principal de esta investigación es conocer el impacto de la traducción automática neuronal conocida como TAN (principal paradigma de las actuales tecnologías de la traducción) y de otras formas de inteligencia artificial (fundamentalmente la tecnología GPT desarrollada por OpenAI) en la producción y en la traducción de noticias y de sitios web. Ya se han documentado y categorizado ampliamente los géneros de los sitios web (Jiménez-Crespo 2013) y de las noticias (Kovach y Rosenstiel 2012). Sin embargo, existen menos evidencias sobre las repercusiones del uso de la TAN en la localización de sitios web (Vieira 2023) y de las noticias (Toral et al 2018). Se sabe poco del uso de los bots en la redacción de noticias (Liu y Wei 2020), del uso de GPT3 para traducir (Brown et al 2020). Hasta la fecha, no hay información sobre los efectos del solapamiento de ambas tecnologías. En definitiva, se aspira a conocer qué sucede cuando intervienen tecnologías como la TAN y Chat GPT en la elaboración o en la traducción de un sitio web o de una noticia. Al igual que existen los «universales de la traducción» (Baker 1993, Toury 1991), a modo de trazas o surcos identificables en los textos traducidos, probablemente existen los «universales de la IA» que todavía debemos descubrir.

Se pretende además identificar las debilidades y las ventajas de ambas tecnologías y esbozar un mecanismo que permita a la ciudadanía sacar el mayor partido de ellas, minimizando los riesgos. Seguidamente se realiza un somero estado de la cuestión partiendo de los principios aristotélicos de verdad, belleza y bondad, que nos parecen más oportunos para una investigación en Humanidades que el habitual DAFO.

BONDAD: la TAN es buena. Las ventajas que ha aportado la traducción automática a la sociedad son innegables, ya que facilita en gran medida la comunicación a nivel global, el florecimiento de la economía y la transferencia de conocimiento. Como es sabido, la capacidad de producción de la traducción humana sería a día de hoy insuficiente para hacer frente a las demandas de la sociedad y de la ciudadanía.

BELLEZA: la TAN suena bonito. Una de las principales características de la TAN respecto a anteriores paradigmas de la traducción automática es que da buenos resultados incluso con lenguas distantes y que produce textos que «suenan» muy bien (un índice de *fluency* muy alto, véase la clasificación de errores de traducción TAUS MQM QDF), pero mayores problemas con la precisión (*accuracy*).

VERDAD: la TAN no siempre es verdadera o precisa. Es decir, que los textos traducidos con TAN son más bonitos que los traducidos por ejemplo con traducción automática estadística, pero son menos precisos. Para una persona sin formación específica en traducción resultará difícil detectar los errores de la TAN.

Las tecnologías de tipo GTP son más recientes que la traducción automática y quizá todavía no forman parte del repertorio habitual de herramientas de la ciudadanía. En consecuencia, no resulta sencillo identificar sus características en términos de bondad, belleza y verdad. Sería necesario, en ese sentido, un poco más de perspectiva histórica.

Debemos recordar que traducción es la única disciplina (junto con las matemáticas) que cuenta con más de 70 años de trayectoria de interacción con la tecnología. Fue una de las primeras actividades que se consideró susceptible de automatizar cuando se inventaron los ordenadores. Dado el peso que tienen las tecnologías de la traducción (tanto la traducción asistida como la automática) en la industria, existe consenso en considerarla un modelo de interacción humano-máquina (O'Brien 2013).

Tanto la TAN como la tecnología GPT se consideran modelos de inteligencia artificial cuya principal característica es que emulan a las redes neuronales humanas y emplean aprendizaje profundo para comprender y generar lenguaje. Desde el punto de vista de la solicitante, son tecnologías intrínsecamente humanas que dependen del procesamiento del lenguaje implícito en enormes corpus de textos y lo emulan. Es decir, que el nacimiento y desarrollo de la TAN y de GPT dependen en gran medida de la capacidad de contar con dichos corpus. Consideramos también que es el estudio de los corpus generados por ambas tecnologías el que tiene la clave para identificar sus características, así como las ventajas que ofrecen para las personas y sus riesgos.

II. Novedad y relevancia

Haga referencia explícita a la novedad y relevancia del proyecto dentro de su campo de investigación.

Este proyecto es novedoso porque aúna la forma de inteligencia habitual más extendida en nuestro mundo globalizado (TAN) con la más reciente y sorprendente (sistemas conversacionales de la IA generativa de tipo Chat GPT). Es relevante porque estas tecnologías afectan al conjunto de la ciudadanía, no solo a traductores e intérpretes, sino también a periodistas, profesores, estudiantes, etc.

El estudio de sitios web es uno de los campos más florecientes de nuestro ámbito porque tiene un impacto importante en la internacionalización de las empresas y en la economía global. Por su parte, el estudio de las noticias es un asunto de primer orden, vistas las repercusiones que tienen las noticias falsas y los escasos mecanismos con los que cuenta la ciudadanía para detectarlas.

Por último, inspira este proyecto una voluntad de transferencia a la sociedad, de reflexión crítica y ética. Entendemos que es necesario conocer los mecanismos de interacción humano-máquina, cuyos límites son cada vez más difusos y cuyas potencialidades avanzan tan rápido como los peligros que acarrean.

III. Plan de trabajo y metodología

Describa el plan de trabajo y la metodología a utilizar, justificando la adecuación de la misma a los objetivos establecidos y a la duración prevista de la estancia.

La metodología de trabajo para este proyecto se basará en la lingüística de corpus y será de naturaleza mixta (cuantitativa y cualitativa).

Fase 1

Ya se cuenta, gracias al proyecto FEDER COMVENCE con un corpus compilado de 140 sitios web de empresas andaluzas del sector agroalimentario en español, inglés, francés y alemán. En la actualidad, en COMVENCE, se está realizando un análisis del discurso persuasivo, mediante la herramienta ATLAS.ti, de los sitios web de origen (en español) y otro de las traducciones publicadas (en el caso de la candidata, con la combinación español-inglés). En dicho corpus se han identificado una serie de sitios web que solo cuentan con una versión en español, pero que incluyen en su diseño web un motor de traducción automática (fundamentalmente la TAN de Google) para ofrecer la información en más idiomas.

En la Fase 1 del proyecto se analizará qué sucede con esos sitios web que solo ofrecen a los usuarios el contenido traducido automáticamente. Se emplearán para ello las herramientas ATLAS-ti y Sketch Engine. Nuestra hipótesis consiste en que, a pesar de que se mantendrá el significado y los rasgos generales de la mayoría de las secciones del sitio web, los matices del discurso persuasivo se degradarán notablemente y se obtendrán traducciones menos adaptadas al *locale* y, en consecuencia, menos eficaces. Se examinará además en qué medida la TAN modifica las características de los sitios web como género, lo que supondría una ampliación la categorización del Dr. Jiménez Crespo.

Fase 2

En la Fase 2 del proyecto se investigará sobre el uso de otras formas de inteligencia artificial generativa como los sistemas conversaciones de tipo Chat GPT tanto en la creación de contenido web (fundamentalmente en las habituales secciones «Acerca de»/«About us») y de noticias, como en su traducción. Se trabajará con la combinación de idiomas inglés y español. Se trata de la fase más exploratoria del proyecto. Existen todavía muchas incertidumbres sobre esta tecnología, empezando por saber si estará disponible en enero de 2024 (en la actualidad está fuera de servicio, quizá por exceso de usuarios o por haber sido adquirida por Microsoft). El corpus de sitios web será el ya mencionado (COMVENCE).

En cuanto al corpus de noticias, la candidata ya cuenta con un corpus de noticias en español, inglés y francés sobre temas políticos de Andalucía cuyo *framing* ya se ha analizado (véase su publicación Briales, Alonso y Filsinger 2023). En dicha investigación se puso de manifiesto la importancia del *framing* de las noticias (incluida la orientación política de los periódicos). Por ejemplo, dependiendo del periódico que se analizara, el partido político Vox era un «partido de centro», «extrema derecha», «populista», «antifeminista», «antiabortista», «nacionalista español», «conservador», «de renovación democrática», «heredero del franquismo».

Aunque partimos de la premisa de que Chat GPT elabora contenido a partir de las palabras claves e indicaciones del usuario, será interesante estudiar en qué medida produce contenido verdadero y es capaz de contemplar distintas variables como el *framing*. Al igual que en la Fase I se estudiará en qué grado la AI modifica el género de las noticias.

Como resultado de ambas fases se elaborará una guía de buenas prácticas para la ciudadanía, con el objetivo de dar a conocer las ventajas, limitaciones y riesgos de la TAN y de Chat GPT.

IV. RAZONES PARA LA ELECCIÓN DEL CENTRO DE DESTINO

Exponga las razones por las que ha elegido el centro de destino, justificando los siguientes aspectos:

a *Idoneidad científica y, en su caso, docente del grupo recepto para el desarrollo de su proyecto y logro de los objetivos*

Fundada en el año 1766, Rutgers, la universidad estatal de New Jersey, ocupa el ranking 101-150 de universidades en términos globales, y la posición 29 en Comunicación. Es la octava universidad más antigua de Estados Unidos y la más grande de su estado. La universidad cuenta con 175 departamentos académicos, uno de los cuales es el Department of Translation and Interpreting, en el que se ubica el Translation and Interpreting Program del que es responsable el Dr. Jiménez Crespo. El florecimiento de este programa se debe en gran medida a la dedicación de la Dra. Zatlin, reconocida por sus estudios en teatro español y traducción, si bien ha sido de la mano de Jiménez Crespo, en colaboración con Laura Ramírez Polo cuando ha alcanzado las más altas cotas de reconocimiento entre los estudiosos de la traducción y sobre todo, de la localización.

La candidata posee una larga trayectoria como localizadora profesional e imparte docencia de localización de grado y de máster desde 2003. Su principal línea de investigación es el impacto de la tecnología en la traducción profesional. En su tesis doctoral analizaba el uso y la percepción de Wikipedia entre profesionales de la traducción, por lo que también tiene especial interés en el ámbito colaborativo.

Estas tres líneas (localización, tecnologías y aspectos colaborativos) también articulan la carrera docente e investigadora de Jiménez Crespo. Autor de obras de relevante impacto como *Translation and Web Localization* (2013, 350 citas) y *Crowdsourcing and Online Collaborative Translations: Expanding the Limits of Translation Studies* (2017, 228 citas), posee reconocimiento a nivel mundial por sus trabajos en lingüística de corpus y aspectos cognitivos de la traducción.

En el centro receptor también destaca la figura de Laura Ramírez Polo, que cuenta con una excelente formación académica e interesantes investigaciones en el ámbito de las tecnologías de la traducción, si bien ha centrado su perfil fundamentalmente en conseguir la excelencia docente del Translation and Interpreting Program de Rutgers.

Como se explica en la metodología, el proyecto se basa en la metodología de la lingüística de corpus, en la que Jiménez Crespo es experto.

Rutgers cuenta con excelentes dotaciones para la docencia y la investigación en traducción e interpretación (aulas de informáticas, laboratorios de lenguas). De especial interés para la solicitante es The Language Bank, compuesto por traductores e intérpretes voluntarios de la comunidad universitaria que prestan servicio y ayuda a ONG y proyectos sociales. Contar con una comunidad de sujetos interesados en nuestro ámbito de estudio y en la mejora de los servicios de traducción y las condiciones de sus profesionales es un recurso inestimable para el investigador.

La candidata es experta en metodologías de investigación cualitativas y en enfoques mixtos, y ha trabajado fundamentalmente con entrevistas y *focus groups*. De la mano del Dr. Lucas Nunes Vieira, que fue anfitrión en U. of Bristol de su estancia José Castillejo en 2018, la candidata se familiarizó con los fundamentos cognitivos aplicados a la posedición de traducción automática. Sin embargo, la candidata nunca ha trabajado con el poderoso marco que aporta la lingüística de corpus, de la que es experto el Dr. Jiménez Crespo. Contar con esta tercera vía metodológica, haría de la candidata una de las investigadoras más completas en el panorama actual de la Traducología.

Cabe mencionar, que aparte de una estancia predoctoral en Harvard en 2010, la candidata no tiene experiencia ni contactos en el ámbito universitario e investigador estadounidense. No podemos olvidar que en Estados Unidos se encuentran muchas de las universidades más prestigiosas del mundo, entre las que se encuentra Rutgers.

Estados Unidos es un mercado poderoso, sede de las principales empresas tecnológicas del mundo, uno de los principales motores de las industrias de la lengua (según los informes de Common Sense Advisory) y uno de los países más importantes del mundo para el español.

En la actualidad la candidata es miembro del grupo GITTCUS en Teoría y Tecnología de la Comunicación. Gracias a su doctorado en Comunicación de 2014 (con mención internacional y premio extraordinario de doctorado), la candidata posee un perfil interdisciplinar. De especial interés en su trayectoria fue su participación en un I+D+i nacional (2013-2016) dirigido por Vázquez Medel y María Lamuedra en el que se compararon los sistemas mediáticos español y finlandés. Estas investigaciones se basaron en entrevistas, pero sin duda, podrían tener continuidad en el análisis de las noticias desde el ámbito de la lingüística de corpus. En opinión de la candidata este nuevo enfoque esclarecería en gran medida el fenómeno de las *fake news*. Si las entrevistas a periodistas ayudan a conocer el proceso y los entresijos de los medios, la lingüística de corpus permite analizar el producto: las noticias que se escriben.

Los beneficios que aportaría la estancia para la candidata no solo irían en beneficio suyo, sino también de los distintos grupos e investigadores con los que colabora, por lo que tendrían un efecto multiplicador.

El Dr. Jiménez Crespo (anfitrión de Rutgers) ya mantiene una excelente relación con la UPO a través de su participación en dos proyectos de I+D+i (el proyecto COMINTRAD 2013-2016 de carácter nacional, y el proyecto COMVENCE 2021-2022 que cuenta con financiación FEDER). Además, entre enero y junio de 2023 el profesor del Departamento de Filología y Traducción de la UPO, Sergio España, se encuentra realizando una estancia predoctoral del programa Fulbright con el Dr. Jiménez Crespo en Rutgers. La concesión de la estancia a la candidata supondría un mayor fortalecimiento de la ya excelente relación entre ambas instituciones.

Los programas que ofrece el Translation and Interpreting Program de Rutgers tienen un fuerte acento profesionalizante y han conseguido establecer excelentes lazos con la industria y los exámenes de certificación que habilitan allí para la práctica profesional, concretamente el examen de la ATA y el examen de NJ Court Interpreting. Se trata sin duda de una importante fortaleza de Rutgers, de la que la UPO puede aprender.

Los grados de traducción de la UPO se caracterizan por su parte por una importante presencia de las asignaturas de Traducción de Software y Páginas Web con una duración de 6 ECTS que se imparten en lengua B y en lengua C. El Dr. Jiménez Crespo es el referente mundial en el estudio de los sitios web como género y en el ámbito de la traducción colaborativa. La candidata ha ejercicio como localizadora a tiempo completo durante más de 12 años antes de iniciar su carrera académica y cuenta con una tesis sobre Wikipedia en el ámbito de la traducción. Existe, por tanto, una importante sinergia y mutua complementariedad entre la candidata y su centro y el anfitrión y el suyo.

La lingüística de corpus posee una metodología que puede resultar un tanto dura para los no iniciados. Sin duda el aprendizaje por parte de la candidata de esta competencia será una interesante aportación para la UPO y sus investigadores.

La candidata ya ha demostrado su capacidad para establecer colaboraciones duraderas con los centros en los que realiza estancias (véase su estancia predoctoral en Imperial College London 2010 y su estancia José Castillejo 2018). En la primera fraguó interesantes contactos con académicos como Jorge Díaz-Cintas y Rocío Baños, y asistió al Translation Research Summer School en UCL donde coincidió con Lucas Nunes Vieira (U. of Brisol). La colaboración entre la candidata y el Dr. Nunes Vieira ha sido muy fructífera en estos años y ha tenido importantes resultados (publicaciones Q1, proyectos con notable financiación, estancias Erasmus y José Castillejo).

En el ámbito investigador, cada vez se favorece más la creación de redes de trabajo que son una estructura más versátil que los tradicionales grupos de investigación del ámbito español. La candidata está familiarizada con la creación y financiación de este tipo de redes por su experiencia como evaluadora de iniciativas COST. Es intención de la candidata crear una red interdisciplinar para el estudio de la traducción en la que participaría ella misma como experta en aspectos sociológicos de la traducción, el Dr. Nunes Vieira (Bristol, como experto en enfoques cognitivos y posedición), el Dr. Jiménez Crespo (Rutgers, como experto en lingüística de corpus y traducción colaborativa) y la Dra. Rocío Baños (UCL, del ámbito de la traducción audiovisual y multimodal), entre otros.

b) *Relación previa y/o expectativas futuras de colaboración entre su grupo de investigación y el grupo de destino*

La vinculación de la solicitante con el grupo receptor data de 2013 y se articula a través del grupo de investigación de la UPO, COMINTRAD.

Aunque la solicitante no es miembro del grupo de investigación COMINTRAD de la UPO que dirige Ana Medina, mantiene excelentes relaciones con el mismo. La solicitante y Jiménez Crespo han participado en un proyecto de I+D+i nacional de COMINTRAD en el pasado, y en la actualidad participan en su FEDER COMVENCE.

La candidata comparte Departamento (de Filología y Traducción) en la UPO con Ana Medina y con el resto de las investigadoras de COMINTRAD. Su compañero de Dpto. Sergio España (miembro de COMINTRAD) obtuvo recientemente una beca predoctoral Fulbright con Jiménez Crespo como anfitrión y Rutgers como sede.

Antes de iniciar su carrera académica, la solicitante ejerció como localizadora de software y sitios web durante años. En la actualidad es la profesora responsable de la asignatura Traducción de Software y Sitios Web y coordina un equipo de 6-8 docentes que imparten esta asignatura. La relación de la solicitante y de estos profesores con el Dr. Jiménez Crespo y su grupo es evidente, ya que él es autor de la principal obra sobre localización de sitios web en el mundo: *Translation and Web Localization* (2013). Todos los profesores de esta asignatura, los investigadores y los traductores estamos en deuda con el Dr. Jiménez Crespo por haber elevado el estudio de la localización a un foco de interés fundamental dentro de los Estudios de Traducción. No hay TFG ni TFM sobre localización (la solicitante ha dirigido y evaluado un sinfín de ellos) que no parta de la obra de Jiménez Crespo.

La relación entre la UPO y Rutgers ya es excelente. No obstante, la candidata ha demostrado una trayectoria en la que las estancias han jugado un papel muy importante y se han plasmado en resultados tangibles de investigación (véanse sus publicaciones y proyectos) y en colaboraciones estables y fructíferas con otros investigadores.

Existen antecedentes como los proyectos mencionados, así como intereses comunes en el ámbito de los sitios web, las tecnologías y la circulación de contenido a nivel mundial. Se da la circunstancia de que los perfiles de la solicitante y del grupo receptor son mutuamente complementarios y existe intención e interés de la solicitante en comenzar a liderar sus propios proyectos de investigación y de promover redes de investigadores como las que permite, por ejemplo, el programa COST.

Claves y Conclusiones

Como ha quedado de manifiesto en la recopilación de proyectos de esta obra, no soy una investigadora de éxito. Hasta la fecha no he dirigido, por ejemplo, ningún proyecto de I+D+i nacional, y me han rechazado en dos ocasiones las solicitudes de líneas propias de investigación de mi propia universidad. Sí que he participado en consorcios de investigación con importante investigación y he liderado equipos nacionales, y he encabezado contratos de transferencia, pero lo cierto es que tengo experiencia, sobre todo, en el fracaso.

No me habría atrevido a exponer de manera tan abierta las luces y sombras de mi propia carrera si no pensara que existe la posibilidad de que sirva de ayuda a otras personas. Tampoco habría osado abordar este capítulo final con reflexiones y recomendaciones si no fuera porque, aunque soy una investigadora con evidentes limitaciones, sí creo que soy una buena evaluadora. Es sobre todo mi voz como evaluadora, revisora y editora la que sonará en las líneas que siguen.

Habla con tu entorno

Mi primera recomendación para un investigador que esté pensando solicitar un proyecto es que hable de manera abierta con su entorno y comente sus intenciones. Debe comunicarse en el sentido más aristotélico de la palabra, en persona, y, si es posible, dando un paseo o tomando un café. Este consejo se lo dedico sobre todo a los investigadores más jóvenes que tienden a pensar que todo está en Internet, que el correo electrónico es la mejor forma de comunicarse, o, incluso peor, que un mensaje de voz de Whatsapp o un mensaje por Instagram son medios ideales para decirles a sus compañeros investigadores que están planificando la solicitud de un proyecto. Estos medios tienen un sentido y un propósito y son sumamente útiles cuando la distancia es un impedimento, pero no pueden sustituir otros contextos de comunicación más humana.

La elaboración de un proyecto es un trabajo arduo y requiere planificar con la debida antelación y, si es posible, hacerlo de manera colaborativa. El solicitante deberá rodearse de un equipo y hacer consultas para ver quién puede estar interesado, quién está disponible o quién puede aportar a su proyecto, y qué otras consideraciones puede proponer el equipo. Con esto no quiero decir que deba configurar un equipo de investigación solo con sus amigos y compañeros de departamento o de laboratorio. Todo lo contrario, los equipos deben ser diversos, internacionales y estar compuestos por investigadores con perfiles complementarios. Pero lo cierto es que un investigador joven no suele tener muchos contactos. Por este motivo, debe acudir a su entorno más próximo (su grupo de investigación, su departamento, oficina OTRI, administrativos de los vicerrectorados de investigación, de biblioteca, investigadores de otras disciplinas, técnicos de investigación, investigadores de otras universidades con los que tenga contacto, etc.) y contar sus planes. Es lo que se suele conocer como *networking*, aunque yo prefiero creer que la palabra compartida tiene el súper poder de convocar a las fuerzas y energías del universo para que todo se ponga a su favor.

Prepárate y lee

Los tres pilares sobre los que se asienta la evaluación de proyectos de investigación son la excelencia, el impacto y la implementación. Estos son los tres grandes objetivos que debe lograr todo proyecto. No obstante, son propósitos difíciles de conseguir. Lo cierto es que la investigación es un ecosistema complejo y cambiante. Por este motivo, los investigadores debemos dedicar parte de nuestro tiempo a formarnos, a conocer los programas y las entidades que financian la investigación, a aprender cómo redactar un proyecto, cómo hacer una estimación de costes, cuáles son las novedades en herramientas metodológicas, etc. Además de esta labor de autoformación que debe ser continua, cuando se quiera optar a una convocatoria en concreto, HAY QUE LEERSE LA CONVOCATORIA Y LAS BASES.

Las convocatorias y todo el material que las acompañan suelen contener importantes claves para llevar la solicitud a buen puerto. Cada convocatoria tiene sus propias características y puede estar enfocada a un perfil concreto de investigador o tener preferencia por una modalidad concreta de investigación. A modo ilustrativo, los programas FEDER suelen buscar proyectos de investigación aplicada (no teórica), y tengo la impresión de que los proyectos financiados por la Fundación BBVA no son solamente excelentes, sino que además prefieren proyectos con resultados de investigación tangibles, como por ejemplo, el desarrollo de una app o de un producto tecnológico o digital. Si una entidad o programa publica listados o ejemplos de proyectos financiados en convocatorias anteriores, estará aportando información muy valiosa para el investigador.

En ocasiones las convocatorias contienen baremos que permiten conocer cómo se van a valorar cada uno de los apartados de la solicitud. Es aconsejable prestar a atención a estos baremos, porque en realidad son rúbricas *de facto*. Al leer un baremo es posible comprobar que no parece sensato, por ejemplo, consignar todos los méritos en un solo apartado y dejar otros completamente vacíos. El baremo puede contener también indicaciones sobre el tipo de información que pueden valorar los evaluadores (y cuál no pueden valorar aunque quieran o parezca razonable).

Puede suceder también que se indique una fecha de cierre oficial en la convocatoria, pero que tu universidad o centro de investigación haya establecido una fecha límite anterior para poder validar y dar el visto bueno a una solicitud (esto suele suceder por ejemplo con las ayudas para la formación del profesorado universitario en España, o FPU). También puede darse el caso de que una vez que el solicitante termina de redactar la memoria comprueba con horror que, además, debe cumplimentar un formulario en línea de diez páginas con datos de su propia trayectoria académica o, lo que es peor, con datos de terceros investigadores o centros de investigación que desconoce (esto sucede por ejemplo con las ayudas de estancias en el extranjero).

Una de las bestias negras de los actuales grandes programas de financiación, como los de la Unión Europea, es el presupuesto. Un proyecto excelente y bien armado se puede venir abajo por culpa de un presupuesto con deficiencias, sobre todo, si el solicitante no ha hecho una intensa labor de búsqueda de información y de ajuste de partidas, y presenta un presupuesto con costes por encima de lo previsto por parte de la entidad financiadora. Resulta muy difícil en la actualidad elaborar un buen presupuesto sin contar con la ayuda de expertos, por lo que mi recomendación para esta cuestión sería recabar todos los datos y las ayudas que sea posible para su elaboración.

AUTOCONOCIMIENTO, SINCERIDAD Y UNA PIZCA DE AMBICIÓN

Cuando un solicitante se decide a optar a una convocatoria, porque tiene una idea de proyecto relevante, viable y que encaja, además de hablar y de leer, debe hacer un ejercicio de introspección para conocerse a sí mismo. La carrera investigadora es un andamiaje que se va construyendo con cada paso, con cada investigación, con cada congreso, con cada acción, con cada formación. Cada investigador es percibido por el evaluador por lo que ha venido siendo. Si hasta la fecha una persona solo ha llevado a cabo investigaciones basadas en lingüística de corpus, y en su proyecto manifiesta ser experto en neurolingüística, deberá aportar datos y evidencias que lo sustenten. Esto no significa que en un proyecto no se puedan incluir elementos o metodologías nuevos, pero debe hacerse explicando de qué forma, por ejemplo, reclutando en el equipo de investigación a expertos en esas metodologías, o contratando a técnicos o empresas que presenten un determinado servicio. En cualquier caso, parece sensato partir de lo que ya se domina e ir incorporando paulatinamente elementos adicionales o ir aumentado la complejidad o el alcance de una propuesta de investigación.

La narración de la propia trayectoria puede ser un elemento crucial en una solicitud de proyecto. Ya es un elemento importante y está cobrando mayor relevancia en el nuevo paradigma investigador de España y gran parte del mundo. Debe explicarse de manera cronológica cuáles son los orígenes del investigador o de la idea del proyecto y dar cuenta de los detalles y de cuál ha sido su evolución. Si existen incoherencias o saltos temporales, parece necesario y conveniente explicarlos. Sería, por ejemplo, aconsejable dar cuenta de permisos por maternidad o paternidad o bajas por incapacidad temporal, o cualquier otra circunstancia personal o familiar que afecte al investigador. También añadiría que no es necesario tener una prueba tangible para alegar una competencia en concreto. Se puede ser por ejemplo experto en Inteligencia Artificial a pesar de no tener ningún resultado de investigación de ese tema; bastaría con explicar de qué forma se han adquirido esos conocimientos o competencias; puede haber sido, por ejemplo, por interés personal o autoestudio.

La narrativa del proyecto y de la trayectoria debe ser coherente. La coherencia de un proyecto mejora cuando el solicitante expone de manera sincera y detallada los datos, los argumentos, las hipótesis, los objetivos. Debe pensar el solicitante que el evaluador ha estado también en la otra posición y ha sido, por ejemplo, un joven investigador con poca experiencia. Si existen puntos débiles en el proyecto, en el equipo o en la trayectoria es positivo que el propio solicitante los identifique y exponga posibles soluciones o puntos de vista desde los que una desventaja no lo parezca tanto o se convierta incluso en una fortaleza.

El solicitante debe hacer un esfuerzo de explicación y de argumentación, y no dar por sentado que el evaluador podrá inferir o conectar ideas, conceptos o hechos a menos que se expliciten claramente en la propuesta.

Es importante, además, que la propuesta de proyecto sea audaz, que tenga un punto de ambición por hacer avanzar la ciencia o el conocimiento del estado de la cuestión. La dificultad aquí residiría en ser ambicioso sin parecer temerario, en explicar las virtudes de la propuesta sin parecer presuntuoso, iluso o poco realista.

El solicitante debe ser consciente de que recibe el importante encargo de la sociedad para administrar una financiación cuyo objetivo es mejorar la ciencia y, en última instancia, la civilización y el planeta.

EL LENGUAJE ES PODEROSO

Una propuesta de investigación debe estar extremadamente bien escrita, independientemente de la lengua que se utilice. Se debe evitar, en mi opinión, un estilo excesivamente académico, porque resulta tedioso y, en ocasiones, no ayuda a transmitir la información de manera clara y concisa. La función predominante de una propuesta debe ser informativa, pero también apelativa. El estilo del texto debe ir al servicio de la narrativa y estar orientado a convencer al evaluador de las excelencias de las propuestas y de que el solicitante y los otros investigadores implicados son las personas indicadas para llevar a cabo el importante encargo que es un proyecto de investigación para la sociedad.

Creo que gustan especialmente en el ámbito de las Humanidades y Ciencias Sociales las metáforas, un uso creativo de la lengua y las referencias cultas, por ejemplo, a la mitología clásica. En este sentido considero que tiene una especial importancia la denominación de los proyectos. Un solicitante dedicará una importante cantidad de su tiempo y un notable esfuerzo a la elaboración de una propuesta de investigación. Mi consejo sería considerar el nombre del proyecto como una marca comercial. Que trate de conectar la denominación con alguna cuestión central de la investigación para crear la sensación en el evaluador de haber pensado en todo y de que no ha quedado ningún cabo por atar. Me gustan especialmente los nombres de dos de mis proyectos. El nombre del proyecto «TITANIA. Traducción Automática Neuronal (TAN) y otras formas de Inteligencia Artificial (IA) en la Producción y Traducción de Noticias y Sitios Web» lo compuse a modo de acrónimo recursivo: TI (Traducción Inteligencia Artificial), TAN (Traducción Automática Neuronal) e IA (Inteligencia Artificial). En la mitología clásica Titania es hija de un Titán, y en la obra *Sueño de una noche de verano* de William Shakespeare Titania es la reina de las hadas. Otro proyecto de investigación que presenté en 2022 para un concurso de acceso a plazas de cuerpos docentes universitarios en España llevaba por título MIES, en alusión a la obra fundacional de Ortega y Gasset en los Estudios de Traducción *Miseria y Esplendor de la Traducción*.

También recomendaría al solicitante que trate de sorprender al evaluador con un lenguaje creativo. Se debe tener en cuenta que los evaluadores con frecuencia reciben el encargo de valorar varios proyectos de una misma disciplina. Diferenciarse de los competidores con algún elemento innovador o inesperado, aunque sea una cuestión puramente estilística, es algo que puede atraer o mantener la atención y el interés de los evaluadores.

En el transcurso de la redacción de una propuesta de investigación posiblemente el solicitante se sentirá solo y surgirán inseguridades. En estos casos, mi consejo sería que vuelva a la primera de las claves que hemos dado en este capítulo, y que hable con su entorno. Y no solo que hable, sino que comparta con ellos los borradores de la propuesta cuando ésta ya esté bastante avanzada. Con frecuencia el solicitante estará tan absorto en sus pensamientos que puede llegar a perder el norte en la redacción. Para evitarlo, puede dar a leer su manuscrito a personas cercanas y de confianza. Esas personas seguramente podrán hacer apreciaciones, sobre todo para confirmar o no si la propuesta se entiende y resulta suficientemente convincente. Si la gente más cercana no comprende el texto, seguramente el evaluador tampoco lo hará. Convendría entonces volver a rehacerlo.

La resiliencia es la madre de la ciencia

En la carrera investigadora nadie es inmune ni ajeno al rechazo y el fracaso. Todos lo hemos experimentado en algún momento. Pero es precisamente el proceso de evaluación, la selección de las propuestas excelentes y la búsqueda de la innovación lo que hace avanzar la ciencia. No siempre se puede tener éxito, porque el ecosistema del investigador es sumamente competitivo. Existe, además, un aprendizaje intrínseco en todas las experiencias de fracaso. Nada puede ayudar más a un investigador que una valoración crítica de su trabajo, incluso si la crítica no ha sido constructiva. Quizá no siempre sea sencillo de encajar, sobre todo cuando se encadenan varios fracasos seguidos, pero es conveniente recordar que la investigación es una carrera de fondo y que, en última instancia, los investigadores perseguimos el bien común. Los recursos que se destinan a la investigación son limitados y son muchos los retos que la sociedad debe afrontar. Los actuales sistemas de revisión por pares y evaluación persiguen (y creo que en la mayoría de los casos consiguen) una toma de decisiones justa, pero existen distintos factores que pueden dejar en el camino propuestas excelentes. Se hace necesario por tanto, recapitular, enmendar las propuestas, incluir las sugerencias y presentarla quizá en una nueva convocatoria o en un programa que se adapte mejor a las características de nuestra investigación y a la fase en que se encuentra nuestra carrera investigadora. Perseverancia, pues, y aliento.

Referencias bibliográficas

AGUADO DE CEA, Guadalupe, *Terminology and Dbpedia: Back to basics?*, Translation at the Frontiers of the Lexicon: The New Fields of Terminology. 6th Terminology Seminar in Brussels (TSIB 2013) (congreso), Bruselas, 2013.

ALONSO JIMÉNEZ, Elisa, «El tratamiento de lo femenino en los programas de Microsoft», en Manuel Ángel Vázquez Medel y Mercedes Ariaga Flórez, Mercedes (eds.), *Mujer, Cultura y Comunicación: Realidades e Imaginarios. Actas del IX Simposio Internacional de la Asociación Andaluza de Semiótica*, Sevilla, Alfar, 2002.

—, «Traducción informática y nuevas tecnologías», en AA.VV. *Acerca de la Traducción e Interpretación*, Sevilla, CEADE, 2004, pp. 93-102.

—, *La traducción de discursos tecnológicos de inglés a español estándar: una aproximación desde Francisco Ayala*, Universidad de Sevilla, 2010.

—, «Nuevos recursos de investigación en torno a traducción, tecnología, informática y español: de ventanas, arañas y ratones», en AA.VV. (eds.), *La Traductología actual: nuevas vías de investigación en la disciplina*, Granada, Editorial Comares, 2011, pp. 87-97.

—, *Traducción y tecnología. Análisis de herramientas informáticas de traducción asistida y automática y su aplicación docente* (proyecto de tesis doctoral), Universidad de Sevilla, 2011.

—, «Data mining, gestion de bitextos y memorias como recurso documental para abordar problemas de traduccion», *I Jornadas de Ciencia y Traducción*, Universidad de Cordoba, 2012.

—, «How professional translator use and perceive Wikipedia (Doctoral Project)» *Translation Research Summer Schoool*, University College London (Reino Unido), 17-28 de junio de 2013.

—, *Traducción y tecnología. Análisis del uso y percepción de Wikipedia por parte de los profesionales de la traducción* (tesis doctoral), Universidad de Sevilla, 2014.

—, «Interacciones sociales y tecnológicas en el entorno profesional de la traducción», *Tonos digital: Revista de Estudios Filológicos*, 2-27 (2014), pp. 1-29.

—, «Una aproximación a Wikipedia como polisistema cultural», *Convergencia. Revista de Ciencias Sociales*, 22(68) (2015), pp. 125-149.

—, «Analysing Translation Professionals in the Information Society and their Use and Perceptions of Wikipedia», *JoSTrans: The Journal of Specialised Translation*, 23 (2015), pp. 89-117.

—, «Google and Wikipedia in the Professional Translation Process: A Qualitative Work», *32nd International Conference of the Spanish Association of Applied Linguistics (AESLA):*

Language Industries and Social Change. Procedia Social and Behavioural Sciencies, 173 (2015), pp. 312-317 (DOI 10.1016/j.sbspro.2015.02.071).

Alonso Jiménez, Elisa y Calvo Encinas, Elisa, «Applications of the Transhumanisation Theory from Communication Studies to Translation Studies», Translations: Exchange of Ideas 2013, Cardiff University (Reino Unido), 27 y 28 de junio de 2013.

—, «Evolución de paradigmas en traductología a la luz de los fenómenos tecnológicos», en Emilio Ortega Arjonilla (dir.), Translating Culture - Traduire la Culture - Traducir la Cultura. Vol. 1, Colección Interlingua. Granada, Editorial Comares, pp. 59-84, 2014.

—, «The Transtranslator: a Socio Cognitive Approach to Technology- Based Traductology», EST (European Society of Translation) Symposium: Same place, different times, Viena (Austria), 2012.

Alonso Jiménez, Elisa y de la Cova, Elena, «Apuntes metodológicos para la aplicación de la socionarrativa a la evaluación de herramientas de traducción: "Érase una vez Google Translator Toolkit"», Revista Tradumàtica, 11 (2014), pp. 508-523.

—, «Machine and Human Translators in Collaborative Contexts», en María Luisa Rodríguez Muñoz y María Azahara Yeroz González (eds), Languages and Texts. Translation in Cross-Cultural Environments, Córdoba, Universidad de Córdoba, 2016, pp. 508-523.

Alonso Jiménez, Elisa y Robinson, Bryan, «Exploring Translators' Expectations of Wikipedia. A Qualitative Review», International Conference; Meaning in Translation: Illusion of Precision, MTIP2016, 11-13 May 2016, Riga, Latvia. Procedia Social and Behavioural Sciencies, 231 (2016), pp. 114-121 (DOI 10.1016/j.sbspro.2016.09.079).

Alonso Jiménez, Elisa y Vieira, Lucas Nunes, «Translator's Amanuensis 2020», JoSTrans: The Journal of Specialised Translation, 28 (2017), pp. 345-361.

—, The Use of Machine Translation in Human Workflows. Institute of Translation and Interpreting, 2018, pp. 1-23.

Baker, Mona, In other words: A coursebook on translation, Londres, Routledge, 1993.

Bazeley, Patricia y Jackson, Kristi (eds.), Qualitative data analysis with NVivo, Londres, Sage Publications Limited, 2013.

Bear, Julia y Collier, Benjamin, «Where are the women in Wikipedia? Understanding the different psychological experiences of men and women in Wikipedia», Sex Roles, 74-5-6 (2016), pp. 254-265.

Bolukbasi, Tolga et al., «Man is to Computer Programmer as Woman is to Homemaker? Debiasing Word Embeddings», Advances in Neural Information Processing Systems, 29 (2016), pp. 4349-4357. URL: https://arxiv.org/abs/1607.06520https://arxiv.org/abs/1607.06520m [05-08-2016].

Briales, Isabel et al., «Esto necesito y así lo soluciono. Necesidades y herramientas de estudiantado y profesionales de la Traducción e Interpretación frente al reto multilingüe digital», Revista Tradumàtica, 16 (2018), pp. 1-23.

Briales, Isabel y Alonso, Elisa, The perception of Wikipedia among students and professionals. The impact of editing and translation its content in the classroom, Symposium Translation and Knowledge. New trends in the theory and practice of translation and interpreting (congreso), Universidad de Córdoba, 2021.

Brown, Tom et al., «Language models are few-shot learners», Advances in neural information processing systems, 33 (2020), pp. 1877-1901.

Caballero, Héctor y Alonso Jiménez, Elisa, Wikipedia como recurso para la formación de traductores, Congreso INNTED 2021. II Congreso Internacional de Innovación y Tendencias Educativas (congreso), 2021.

—, «Vitaminas para la competencia traductora. Edición multilingüe en Wikipedia sobre COVID-19», en Carmen Romero y Olga Buzón (coord.) Innovación e investigación docente en educación: experiencias prácticas», Madrid, Dykinson, 2021, pp. 1130-1149.

CÁNOVAS, Marcos y SAMSON, Richard, «Dos ejemplos de aplicación de software libre en la docencia de la traducción», en Óscar Díaz Fouces y Marta García González (eds.), *Traducir (con) software libre*, Granada, Editorial Comares, 2008, pp. 193-211.

CHAN, Sin-wai, *The Routledge Encyclpedia of Translation Technology*, Londres/Nueva York, Routledge, 2015.

CLAES, Florencia y TRAMULLAS, Jesús, «Wikipedia y comunicación: perspectivas del conocimiento libre», *Área Abierta*, 21-2 (2021), pp. 115-122 (DOI: https://doi.org/10.5209/arab.75693).

COMISIÓN EUROPEA, *Europeans and their Languages. Special Eurobarometer 386* (informe), 2012. URL: http://ec.europa.eu/public_opinion/archives/ebs/ebs_386_en.pdf

—, *Agenda Digital para Europa* (informe), 2014. URL: europa.eu/pol/pdf/flipbook/es/digital_agenda_es.pdf

—, *Horizon 2020. Work Programme 2014-2015. 5. Leadership in enabling and industrial technologies i. Information and Communication Technologies* (informe), 2014. URL: http://ec.europa.eu/research/participants/data/ref/h2020/wp/2014_2015/main/h2020-wp1415-leit-ict_en.pdf

—, *Translation in figures* (informe), 2015. URL: http://ec.europa.eu/dgs/translation/whoweare/translation_figures_en.pdf

—, *Internationalisation of small and medium-sized enterprises Eurobarometer 421* (informe), 2015. URL: https://open-data.europa.eu/en/data/dataset/S2090_421_ENG

—, *Horizon 2020. Work Programme 2016-2017. 12. Europe in a changing world – inclusive, innovative and reflective Societies* (informe), 2015. URL: http://ec.europa.eu/research/participants/data/ref/h2020/wp/2016_2017/main/h2020-wp1617-societies_en.pdf

—, *Expectations and Concerns of the European Language Industry*, 2017. URL: https://ec.europa.eu/info/sites/info/files/2017_language_industry_survey_report_en.pdf

—, *Work Programme 2018-2020. 5.i. Information and Communication Technologies*, 2018. URL: http://ec.europa.eu/research/participants/data/ref/h2020/wp/2018-2020/main/h2020-wp1820-leit-ict_en.pdf

COMMON SENSE ADVISORY, *The Language Service Market: 2015* (informe), Massachusetts, Common Sense Advisory Inc, 2015.

DECLERCQ, Christophe, «Editing in Translation Technology», en Sin-Wai Chan (ed.), *The Routledge Encyclopedia of Translation Technology*, Londres/Nueva York, Routledge, 2015, pp. 480-493.

DÍAZ MARTÍNEZ, Capitolina *et al.*, «Sesgos de género ocultos en los macrodatos y revelados mediante redes neuronales: ¿hombre es a mujer como trabajo es a madre?», *Revista Española de Investigaciones Sociológicas*, 172 (2020), pp. 41-60.

DUNCANSON, Chrisite *et al.*, «How COVID is widening the academic gender divide. *The Conversation*», 2020. URL: https://theconversation.com/how-covid-is-widening-the-academic-gender-divide-146007 [29-07-2024]

EUROPEAN UNION, *Multilinguialism*. URL: http://europa.eu/pol/mult/index_en.htm.

FERNÁNDEZ MONTES, José Mario *et al.*, «El carácter enciclopédico de Wikipedia en español: aproximación a sus contenidos sobre Ciencias y Humanidades», *Área Abierta*, 21-2 (2021), pp. 219-235 (DOI: https://doi.org/10.5209/arab.72731)

GOBIERNO DE ESPAÑA, «Plan de Impulso de las tecnologías del Lenguaje», *Agenda Digital para España*, 2015. URL: https://plantl.mineco.gob.es/tecnologias-lenguaje/PTL/Bibliotecaimpulsotecnologiaslenguaje/Detalle%20del%20Plan/Plan-Impulso-Tecnologias-Lenguaje.pdf

GÖPFERICH, Susanne, «Towards a model of translation competence y its acquisition: the longitudinal study TransComp», *Behind the mind: Methods, models y results in translation process research*, 4-4 (2009), pp. 11-37.

GRAELLS-GARRIDO, Eduardo *et al.*, «First Women, Second Sex: Gender Bias in Wikipedia». *Proceedings of the 26th ACM Conference on Hypertext*

& *Social Media*, (2015) pp. 165-174 (DOI: https://doi.org/10.1145/2700171.2791036).

Guerberof Arenas, Ana, «What do professional translators think about post-editing?», *The Journal of Specialised Translation,* 19 (2013), pp. 75–95. URL: http://www.jostrans.org/issue19/art_guerberof.pdf

Head, Alison J. y Eisenberg, Michael B., «How today's college students use Wikipedia for course related research», *First Monday* 15(3) (2010). URL: http://journals.uic.edu/ojs/index.php/fm/article/view/2830/2476 [29-07-2024].

Jemielniak, Dariusz, «Breaking the Glass Ceiling on Wikipedia», *Feminist Review*, 113-1 (2016), pp. 103-108.

Jiménez-Crespo, Miguel Ángel, *Translation and web localization*, Londres, Routledge, 2013.

—, *Crowdsourcing and Online Collaborative Translations: Expanding the Limits of Translation Studies,* Ámsterdam, John Benjamins Publishing Company, 2017.

Kassova, Luba, *The Missing Perspectives of Women in COVID-19 News: A special report on women's under-representation in news media*, Fundación Bill y Melinda Gates, 2020. URL: https://www.iwmf.org/wp-content/uploads/2020/09/2020.09.23-The-Missing-Perspectives-of-Women-in-COVID-19-News.pdf

Kelly, Dorothy, Un modelo de competencia traductora: bases para el diseño curricular. *Puentes*, 1 (2002), pp. 9-20.

Kiraly, Don, *A Social Constructivist Approach to Translator Education*. Manchester, St Jerome, 2000.

Kovach, Bill y Rosenstiel, Tom, *Los elementos del periodismo*, Amado Diéguez Rodríguez (trad.), Aguilar, 2012.

Lam, Shyong et al., *WP: clubhouse? An exploration of Wikipedia's gender imbalance*. Proceedings of the 7th international symposium on Wikis and open collaboration (congreso), 2011, pp. 1-10.

Lerga, Maura y Aibar, Eduard, *Guía de buenas prácticas para el uso docente de Wikipedia en la Universidad*, UOC. URL: https://open-access.uoc.edu/bitstream/10609/41661/6/Gu%C3%ADa_docente_Wikipedia_2015.pdf [29-07-2024].

Liu, Bingjie y Wei, Lewen, «Machine authorship in situ: Effect of news organization and news genre on news credibility», *Digital Journalism*, 7-5 (2019), pp. 635-657. (DOI: 10.1080/21670811.2018.1510740).

McDonough, Julie, «Analyzing the Crowdsourcing Model and Its Impact on Public Perceptions of Translation», *The Translator, Non-Professionals Translating and Interpreting. Participatory and Engaged Perspectives*, 18 (2012), pp. 167-191.

Medina, Ana, *Comercio internacional y traducción: localización de webs corporativas y e-marketing multilingüe para fomentar la internacionalización de las PYMES españolas (COMINTRAD)*, Convocatoria Retos del Ministerio de Economía y Competitividad 2013-2016, 2013.

META-NET, *Europe's Languages in the Digital Age.* URL: *http://www.meta-net.eu/whitepapers/overview*

O'Hagan, Minako y Ashworth, David, *Translation-Mediated Communication in a Digital Word. Facing the Challenges of Globalization and Localization*, Clevedon, Multilingual Matters, 2002.

O'Brien, Sharon, «The Borrowers: Researching the Cognitive Aspects of Translation», *Target. International Journal of Translation Studies,* 25-1 (2013), pp. 5–17 (DOI: 10.1075/target.25.1.02obr).

Oliver, Antoni y Climent, Salvador, «Using Wikipedia to develop language resources: WordNet 3.0 in Catalan and Spanish [=Ús de la Viquipèdia per al desenvolupament de recursos lingüístics: el WordNet 3.0 català i castellà]», *Digithum*, 14 (2012), pp. 68-76. URL: http://journals.uoc.edu/index.php/digithum/article/view/n14-oliver-climent/n14-oliver-climent-eng [20-07-2014].

Olvera Lobo, Mª Dolores y Gutiérrez Artacho, Juncal, «Language resources used in multilingual question-answering systems», *Online Information Review*, 35-4 (2011), pp. 543-557 (DOI: 10.1108/14684521111161927).

RIS3 Andalucía, *Estrategia de innovación de Andalucía 2020*, 2015. URL: https://www.juntadeandalucia.es/sites/default/files/2022-03/Documento-Ris3-version-final-8-27-02-15.pdf

Robinson Fryer, Bryan John., «Traducción transparente: métodos cuantitativos y cualitativos en la evaluación de la traducción», *Revista de Enseñanza Universitaria*, (1998), pp. 577-589.

Robson, Colin, *Real World Research: A resource for users of social research methods in applied settings, 3*, Chichester (Reino Unido), Wiley, 2011.

Saorín, Tomás, *Wikipedia de la A a la Z*, Barcelona, Editorial UOC, 2012.

Shane-Simpson, Christina y Gillespie-Lynch, Kristen, «Examining potential mechanisms underlying the Wikipedia gender gap through a collaborative editing task», *Computers in Human Behavior*, 66 (2017), pp. 312-328 (DOI: https://doi.org/https://doi.org/10.1016/j.chb.2016.09.043).

TAUS, *Mission*. URL: https://www.taus.net/mission.

The Economist, *Competing across borders. How cultural and communication barriers affect business*, Economist Intelligence Unit, 2012. URL: https://www.ibs-b.hu/documents/278/Economist_Intelligence_Unit_-_Competing_across_borders_2012.pdf

Toral, Antonio *et al.*, «Attaining the Unattainable? Reassessing Claims of Human Parity in Neural Machine Translation», *arXiv preprint arXiv:1808.10432*, (2018). URL: https://arxiv.org/pdf/1808.10432

Torres, Ruth, «Use of Translation Technologies Survey», *Mozgorilla*, 2012. URL: http://mozgorilla.com/en/texnologii-en-en/translation-technologies-survey-results/ [01-03-2014].

Toury, Gildeon, «Experimentation in translation studies: Prospects and some pitfalls», en Sonja Tirkkonen-Condit (ed.), *Empirical Research on Translation and Intercultural Studies*, Tübingen, Gunter Narr, 1991, pp. 45-66.

Velasco, Carmen y Alonso, Elisa, *Formación de traductoras con conciencia de género desde un proyecto sobre COVID-19 y Wikipedia*, Intersecciones del género en educación: un encuentro interdisciplinar. II Congreso Internacional de Innovación y Tendencias Educativas (congreso), Dykinson, 2021, pp. 1-24.

Vieira, Lucas, *Cognitive Effort in Post-Editing of Machine Translation: Evidence from Eye Movements, Subjective Ratings, and Think-Aloud Protocols* (Tesis doctoral), Newcastle University, 2015.

—, «The many guises of machine translation: A postphenomenology perspective», *Digital Translation*, 10-1 (2023), pp. 16-36.

Vieira, Lucas *et al.*, «Post-editing in practice: Process, Product and Networks», *JoSTrans: The Journal of Specialised Translation*, 31 (2019), pp. 2-13.

Vuorikari Riina *et al.*, *DigComp 2.0: The Digital Competence Framework for Citizens. Update Phase 1: the Conceptual Reference Model*. EUR 27948 EN. Luxemburgo, Publications Office of the European Union, 2016 (DOI: 10.2791/11517).

Zabalza, Miguel, «Innovación en la enseñanza unisversitaria», *Contextos Educativos*, 6-7 (2003), pp. 113-136.

Zabalza, Miguel, «La didáctica universitaria», *Bordón* 59 2-3 (2007), pp. 489-509.